A.E. Confidential

Domenico Attanasii

«A certi uomini tocca il lavoro intero, a certi altri un'ex società partecipata e un viaggio in autobus. Tu sei tra i primi, ma, mio Dio, non ti invidio i soldi presi che hai sulla coscienza.»

A.E. Confidential

AgoraVox Italia
martedì 8 novembre 2011
https://www.agoravox.it/Io-cassaintegrato-vi-spiego-perche.html

Io cassaintegrato vi spiego perché da "morto" starò meglio

"Stiamo parlando di parole, di nessun atto. Di parole, tre quarti delle quali riguardano il già detto. E un'altra parte sono una minaccia, come la parte sui licenziamenti. E certamente noi non siamo d'accordo". Queste le parole di Pierluigi Bersani sulla lettera d'intenti del governo italiano all'Unione europea, a rischio quindi "i 300mila cassintegrati che ci sono ora, dal giorno dopo sarebbero licenziati".

Faccio parte da 18 mesi dei 300 mila cassintegrati sotto la spada di Damocle. E alla domanda: "Come va?", questa è la risposta: Dopo morto, meglio (da "Il secondo diario minimo" di Umberto Eco).

In passato ho fatto progetti contando su uno stipendio di circa 1400,00 euro mensili, contraendo un mutuo con annessa assicurazione sulla vita. Oggi, con 800 euro, l'ironia di Umberto Eco, potrebbe essere una "soluzione finale".

Tutto questo, grazie anche al Presidente del Consiglio; la mia cassa integrazione è legittima e legittimata da una Ordinanza del Giudice del Lavoro del 6 ottobre 2011.

Sono un dipendente di "Abruzzo Engineering", un "carrozzone" dal dicembre 2010, in "liquidazione volontaria" a causa di un "deficit di 19 milioni di euro".

Durante il mio stato di precariato e cassintegrato, sono stato invitato a frequentare un corso universitario (sono solo diplomato) di riqualificazione professionale, "con rilevanti spese a carico dell'azienda" (vedi ordinanza), in maniera del tutto volontaria (appunto perché non ci hanno richiamato dalla cassa integrazione) con la

3

prospettiva di essere impiegati in mansioni inerenti alla ricostruzione post sisma, negli uffici tecnici del Comune dell'Aquila. Chi non avesse aderito a tale iniziativa sarebbe rimasto in CIG.

Per senso del dovere e speranza, che è l'ultima a morire, ho partecipato al corso di riqualificazione, "con rilevanti spese a carico dell'azienda", senza ultimarlo e senza essermi sottoposto agli esami finali di valutazione. Posto che in passato, per 10 anni, mi sono esclusivamente occupato di inserimento dati, operazioni al terminale e che non vedo più una planimetria dai tempi della scuola - ho 54 anni - non riconosco una "ragnatela sul muro da una crepa dell'intonaco", dopo la fine del corso propedeutico e indispensabile , "con rilevanti spese a carico dell'azienda", sono stato comunque richiamato in servizio per svolgere mansioni inerenti la "Contabilità sui cantieri per la ricostruzione dell'Aquila".

Incapace di svolgere l'incarico di "sportelleria", dinanzi a una utenza di professionisti impiegati nei vari cantieri, ho accusato malori e crisi di panico. Adesso sono in cura da uno psichiatra.

Assodato che la mia cassa integrazione è legittima, la domanda che vorrei porre pubblicamente ai

4

contribuenti, che avendone ben donde, penseranno: "ma ringrazia Dio che ti hanno richiamato!", è la seguente:

Perché una società in house alla Regione Abruzzo, un "carrozzone", già in liquidazione a causa di un deficit di 19 milioni di euro, allestisce un corso di riqualificazione professionale, "con rilevanti spese a carico dell'azienda" e poi richiama in servizio chi, come me, non ha ultimato il corso, non ha sostenuto l'esame di valutazione finale?

Era proprio indispensabile uno stage universitario "con rilevanti spese a carico dell'azienda", se poi hanno impiegato un "incompetente dichiarato" in una posizione così strategica? Cos'è che dobbiamo, noi cittadini contribuenti, percepire come "irrilevante": un corso di riqualificazione "con rilevanti spese a carico dell'azienda" di danaro pubblico o la stessa "ricostruzione"?

Copin Panolli, dipendente di Abruzzo Engineering, proveniente dal bacino degli ex-Lsu del Dipartimento della Protezione Civile, avviato al percorso lavorativo per chiamata diretta dagli Uffici di collocamento nel 1998.

Destinatario di encomi e gratificazioni economiche nel corso degli anni e tutto documentabile. A tal punto che ho già proposto la restituzione dei 1000 euro lordi, avuti anni fa, alla collettività per sgravare l'enormità del deficit dell'azienda.

Cosa devo fare per catturare l'attenzione dei media? Seguire il consiglio del "Foscolo-Eco"?. Non appartengo ai 25 mila, che a Roma hanno fatto la fila per un iPhone4.

Se me ne vado con Foscolo... mia moglie non dovrà pagare più il mutuo e, almeno, non dovremo vendere casa! A proposito, ieri mi hanno telefonato dall'azienda per comunicarmi che la mia cassa integrazione continuerà fino al 31 dicembre 2011... e così fanno 20 mesi. Solo perché ho dichiarato pubblicamente che non ci capisco niente di "ricostruzione". Provengo dall'Ufficio di Collocamento. Potrei fare il commesso, l'operatore al PC.

Queste cose, le so fare... e va a finire che servono pure.

AgoraVox Italia
sabato 12 novembre 2011
https://www.agoravox.it/Il-meme-della-discordia-i-tagli.html

Regione Abruzzo e i tagli: il meme della discordia

I modelli biologici spiegano con i geni la

somiglianza fra le generazioni; la capacità di trasmettere eredità culturali, attraverso replicatori chiamati memi. Una tecnica che esplora i meccanismi sul trasferimento di informazioni e preferenze formative. Nell'evoluzione culturale, un meme sarebbe ciò che il gene è per la genetica.

Fisascat Cisl Abruzzo:

"...per mercoledì 9 novembre ore 11 presso la regione Abruzzo all'Aquila è confermata la riunione tra il Presidente della regione Abruzzo dott. Gianni Chiodi con la dirigenza di Abruzzo engineering... Intanto sul fronte lavoratori è arrivata voce in segreteria che un gruppo di dipendenti vuole manifestare contro il presidente Chiodi; ricorda la segreteria che queste iniziative in questa fase portano al nulla, visto le trattative in corso."

"Il percorso del cambiamento della macchina amministrativa è difficile e lungo", ammette Chiodi. "In due anni a mezzo abbiamo ridotto i dirigenti del 17% e i dipendenti del 13% e abbiamo posto in liquidazione agenzie e società come Abruzzo Engineering, messe in campo dal partiti solo per ricercare consenso".

E siamo ancora alle solite, con "la cultura della lamentazione, la retorica del declino".

In una recente intervista il Governatore Gianni Chiodi ha rassicurato tutti che le liquidazioni potrebbero durare anche 5 anni.

Fatti due conti, basta che la società produca un piccolo utile di 3 milioni e 800 mila euro all'anno, per 5 anni, per sanare il deficit di Abruzzo Engineering, pari a 19 milioni di euro, e tranquillizzare i 200 dipendenti.

Altrimenti, supponendo che l'azienda produca un solo euro di utile al giorno(?):

"...i tagli a volte sono necessari e laddove non possibili è giusto procedere alla liquidazione delle società. Lo abbiamo fatto con Abruzzo Engineering –ha concluso– e ora ogni giorno la società produce un euro di utile."

In un anno, si metterebbero insieme circa 300 euro. Un'ipotesi assurda.

Pensiamo, invece, a un utile annuale di 300 mila euro –pour parler– ergo, per sanare il deficit, basterebbero appena 63 anni di attività.

Capito adesso perché più debiti hai, più ti pregano la salute?

AgoraVox Italia
giovedì 24 novembre 2011
https://www.agoravox.it/Wikileaks-Ante-litteram.html

Wikileaks Ante litteram

"Un serbatoio dal quale attingere risorse finanziarie per attività estranee ai suoi scopi, assunzioni clientelari e sprechi". Una dichiarazione che porta alla luce come la Procura dell'Aquila indaghi su "Abruzzo Engineering", sospettando che fosse "una cassaforte nella quale far entrare e far uscire mazzette e fondi neri, oltre che un serbatoio di clientele, scambi, appalti pilotati e favori politici".

Domenica 4 settembre 2011, a pagina 2 del quotidiano "il Fatto Quotidiano", in un articolo di Stefano Feltri e Antonio Massari, si torna a parlare di Finmeccanica, Selex e di Enrico Intini. Da quando FQ ha iniziato a raccontare di Gianpi Tarantini, Protezione Civile e Bertolaso, compare spesso il nome di Enrico Intini.

(...) A Bari i magistrati hanno messo nel mirino Enrico Intini, imprenditore pugliese considerato molto vicino a Massimo D'Alema e amico anche di Tarantini. Già nel 2009 Intini raccontava ai magistrati che, su consiglio dell'ex capo della Protezione Civile Guido Bertolaso (vicino a

Berlusconi), cercò di entrare in rapporti con Finmeccanica, usando la mediazione proprio di Tarantini (…).

Ancora lunedì 5 settembre 2011, su "La Repubblica", a pagina 13 scrive Giuliano Foschini: (…) Agli atti ci sono le dichiarazioni di escort che raccontano di cene a casa di Berlusconi alla presenza dell'allora capo della Protezione civile, Guido Bertolaso. E di imprenditori, come il pugliese Enrico Intini, che racconta di aver pagato 300 mila euro di consulenza a Tarantini e di essere stato ricevuto in pochi giorni da Bertolaso in persona che poi lo ha indirizzato a Finmeccanica, in particolare alla Grossi. (…)

(…) Un accordo che ha permesso a quest'ultimo di arrivare ai piani alti della galassia Finmeccanica, fino a incontrare Marina Grossi, moglie dell'AD Guarguaglini e a capo della controllata Selex, società più volte citata nelle intercettazioni di Valter Lavitola. (…)

Come riportato in un trafiletto de "Il Messaggero" del 9 giugno 2002, per i "Lavoratori socialmente utili" da stabilizzare con una delibera della Giunta

 Regionale, allora presieduta dal dottor Giovanni Pace (centrodestra), al momento di perfezionare l'accordo, appariva improvvisamente il "Gruppo Intini", da Noci di Bari, offrendosi come controparte all'allora "Collabora Engineering S.p.A.". Così facendo, ottenne l'affidamento. Il ricorso al Tar ripristinò le parti.

Ancora oggi, quando i quotidiani riscrivono il nome di Enrico Intini, accostandolo a Finmeccanica e alla Selex (partner attuale e socio al 30% di Abruzzo Engineering), ripenso a quegli anni della stabilizzazione di un lavoratore precario come me, proveniente dalle liste di disoccupazione degli uffici di collocamento.

La stabilizzazione avvenne tramite più passaggi.

Dalla "SMA Abruzzo" del "Gruppo Intini" a "Collabora Engineering S.p.A.", per giungere fino ai nostri giorni in "Abruzzo Engineering S.C.p.A." (partecipata al 60% dalla Regione Abruzzo, al 10% dalla provincia dell'Aquila e dal 30% dalla Selex di

Finmeccanica). Una società che l'onorevole capogruppo Carlo Costantini definisce: "Un serbatoio dal quale attingere risorse finanziarie per attività estranee ai suoi scopi, assunzioni clientelari e sprechi".

Una dichiarazione che porta alla luce come la Procura dell'Aquila indaghi su "Abruzzo Engineering", sospettando che fosse "una cassaforte nella quale far entrare e far uscire mazzette e fondi neri, oltre che un serbatoio di clientele, scambi, appalti pilotati e favori politici".

Per il Presidente della Regione Abruzzo "una struttura manageriale e dirigenziale da far rivoltare anche i cadaveri dentro le tombe"

(…) un cappio al collo (…) (…) un carrozzone (…)

Aggiungo un link esplicativo, nel quale si prospettano diversi scenari e una domanda: perché per oltre dieci anni si è giocato a rimpiattino con la vita di 118 ex lavoratori socialmente utili, di cui almeno uno di essi... (io, Copin Panolli) si sarebbe accontentato volentieri di una stabilizzazione al IV livello (commesso, centralinista, operatore), come prevede la legge, invece di essere coinvolti in "intrighi internazionali" fra multinazionali?

È anche vero che da piccolo volevo fare l'agente

segreto.

AgoraVox Italia

venerdì 9 dicembre 2011

https://www.agoravox.it/Il-riassunto-di-Gaber.html

Il riassunto di Gaber

Non bisogna occuparsi di chi fa il proprio dovere. Si corre il rischio di legittimare quello che il potere tenta ogni volta di spacciare per un grande risultato atteso, ciò che è un atto dovuto ai cittadini da un amministratore della cosa pubblica. Lavorare con impegno, nella trasparenza e nell'interesse della collettività.

In senso ampio, supponete di essere un idiota. E supponiamo che si stia con il governo. No, mi sono ripetuto (Mark Twain).

Attenzione, perché poi sono proprio i politici a prendere le grandi decisioni di guerra e di pace, prosperità e recessione. Uno statista di successo deve avere e comunicare un senso di intelligenza e integrità. Il denaro aiuta, ovviamente. È auspicabile per chiunque di essere in possesso di una sicurezza finanziaria, ma non è certamente un elemento essenziale per il successo.

Le persone con risorse private, che hanno ottenuto un buon risultato in politica sono relativamente rare. Tranne per chi ha il nome e cognome che comincia per esse e finisce con "oni". A chi state pensando?! Eh, ma finiamola una volta per tutte di sparare sulla croce rossa. Quello lì, che avete sempre in testa, non è affatto uno stupido, è solo sfortunato quando pensa. E ce n'è in giro di gente famosa per averla sparata grossa. Riguardatevi sotto le palpebre i flashback dell'episodio di Krusciov che percuote con la scarpa il banco alle Nazioni Unite. Un'icona del ventesimo secolo, l'ometto che faceva le corna in mezzo ai Capi di Stato come un Paolini qualsiasi davanti alla prima telecamera sbucata per la via, senza però Fraiese e il calcio nel sedere in diretta.

La Democrazia è la peggiore forma di governo, fatta eccezione per tutti gli altri sistemi che sono stati provati. L'ha detto Winston Churchill, prendetevela con lui. In ogni modo, è sicuramente molto impegnativo e richiede più adempimenti rispetto a qualsiasi altro sistema. Quindi, si debbono escludere per prima cosa tutti i puttanieri e i barzellettieri bestemmiatori. Buttare dalla finestra i leccaculo, i tirapiedi, ruffiani e precettori, mentori alla Rockefeller, che sputano miele, nascondendo il fiele, affannati nell'immolare se stessi alla disciplina, alle esigenze primarie di autogoverno salvifico a coprire l'onta del luridume sociale da loro accatastato lungamente per una vita vissuta all'insegna della tracotanza, degli eccessi di protervia, superbia, orgoglio nauseabondo, della prevaricazione sui deboli, dei denari dei poveri sempre in mostra come le palle dei cani.

La magia della politica è giocare un ruolo nel determinare la libertà dell'individuo. The magic of politics è la partecipazione a tutti i livelli della vita nazionale in modo affermativo; per dirlo con le parole di William Faulkner, la libertà non solo di resistere, ma anche di prevalere. (JFK)

Giorgio Gaber ha riassunto il concetto: "Libertà è partecipazione".

AgoraVox Italia
mercoledì 14 dicembre 2011

https://www.agoravox.it/Se-discrasia-fa-rima-con-disgrazia.html

Se discrasia fa rima con disgrazia

Questa volta anche Pantalone non ci sta. In questi tempi di carestia, lacrime e sangue, all'indomani del bunga-bunga, è bastata una frase dai toni sobriamente aggressivi, su procura del popolo sovrano: "Se mi permette, dottor Vespa, io sono qui da lei, non per fare piacere a lei ma per dovere di spiegazione verso i cittadini", per disinquinare le coscienze di chi precauzionalmente rimproverava al premier l'intervento a "Porta a Porta". E Pantalone lo sa.

Gennaio è un mese che farà stramazzare a terra, assieme agli avanzi di cotechino dei discount e alle lenticchie che sapevano di terra, tutti quelli che hanno fatto la conta dei soldi con le mani e gli sono avanzati le dita. Paga il bollo, il condominio, il canone Rai... la tredicesima se l'è bevuta il mutuo della casa e gli hai dovuto pure rifare qualcosa. Santa Claus quest'anno invece delle campanelle e tintinnaboli ha sorvolato i tetti dei cassintegrati strombazzando un jingle natalizio ma non si è fermato. Anche lui ha le sue spese. E Pantalone, lo sa.

Di fatto, ha chiarito senza sottintesi la propria intenzione di ritirare la borsa dei denari, di stringere i cordoni. È questo il tempo propizio, da qualche anno a questa parte, per una notizia che riaffiora come l'acqua sul cuoio delle scarpe.

Già denominato "Decreto mille proroghe", comunque un contenitore di provvedimenti e ordinanze ad hoc, che il governo si appresta a fare scendere come manna dal cielo sui bisogni dei vari enti pubblici e partecipate.

(…) Filcams Cgil, Fisascat Cisl, UiltUcs Uil e Ugl terziario hanno scritto al presidente della Regione, al presidente del Consiglio regionale, al sindaco dell'Aquila, al prefetto dell'Aquila, al presidente della Provincia dell'Aquila, al presidente del collegio dei liquidatori della società, al presidente della Selex Spa (Il senatore Mascitelli (Idv): Si avvii attività ispettiva su rapporti tra Selex e Abruzzo Engineering; ai capigruppo regionali e agli onorevoli abruzzesi, informando che si sono tenute due importanti riunioni sulla situazione della società Abruzzo Engineering (…) Consideriamo fondamentale, infatti, che ognuno si attivi perché venga accelerata e concretizzata questa fase di possibile rilancio della società, chiarendo l'importante ruolo che la stessa, con (alcuni, n.d.r.) i suoi lavoratori, sta avendo nella fase della ricostruzione post sisma (…) È bene, comunque, rammentare che, a fine mese, sono in scadenza le ordinanze che permettono ad Abruzzo Engineering di svolgere, come già citato precedentemente, un ruolo di fondamentale rilevanza nella ricostruzione (…) (fonti qui e qui)

Altrettanto utile sarebbe informare i contribuenti che la società Abruzzo Engineering, in liquidazione volontaria dal dicembre 2010, a causa di un deficit di 19 milioni di euro, in house alla Regione Abruzzo, già Collabora Engineering, non impiega attualmente tutti i propri dipendenti, circa 190, lasciandone una parte in cassa integrazione, in attesa di rotazione del personale, a seconda delle esigenze aziendali. E questo è corretto. Purtroppo, bisogna evidenziare una "fastidiosa discrasia" tra le richieste dei sindacati e quanto riportato in una ordinanza del Giudice del Lavoro, del 3 ottobre 2011, sull'impossibilità del reinserimento di una unità lavorativa nel proprio ruolo e nella mansione svolta in passato, operatore informatico, all'interno della società avente un importante ruolo nella fase di ricostruzione post sisma (…) perché contraria alle esigenze dell'azienda, che correttamente, in ragione delle poche commesse ricevute, ha escluso dalla riassunzione la disponibilità di posti con qualifica e mansioni di impiegato operatore informatico (…)

Non sarà appunto perché la Abruzzo Engineering S.C.p.A., come dichiarato nell'Ordinanza del Giudice del Lavoro, ha escluso dalla riassunzione la disponibilità di operatori informatici, che la ricostruzione dell'Aquila e le pratiche burocratiche evase, presumibilmente non certamente, a "penna e calamaio", vadano a rilento per "l'inconsuetudine", "l'eccentricità" di lasciare fuori gli operatori al pc?! Ergo, ci sono tantissimi operatori informatici.

Per la cronaca, durante l'udienza dibattimentale del 29 novembre 2011, sul crollo del Convitto nazionale all'Aquila, a seguito del terremoto del 6 aprile del 2009, sono stati sentiti l'ingegnere Andrea Mezzaroma di Avezzano, il quale ha messo in luce una serie di discrasie tra quanto riportato nel documento redatto da Collabora Engineering sulla vulnerabilità sismica del Convitto e quanto da lui accertato nel sopralluogo alla struttura e il professore Franco Braga (Franco Braga o Francesco? Due per un posto), luminare nel proprio campo, docente di costruzioni in zona sismica presso l'università "La Sapienza" di Roma. Anche Braga ha posto in evidenza la contraddizione tra la prima e la seconda relazione redatta da Collabora Engineering sempre sulla vulnerabilità sismica dell'edificio. "La prima scheda - ha evidenziato l'esperto - conclude con concetti che definirei allarmistici, nella seconda redatta dopo un anno di distanza, addirittura si evidenzia un quadro più tranquillizzante, tanto che conclude affermando che il plesso non necessita di alcun intervento". Anche l'ultimo consulente ascoltato, l'ingegnere Antonino Salvatore Pacilè, ha posto in evidenza la contraddizione su quanto contenuto nella relazione di Collabora Engineering.

Quando "discrasia" fa rima con "disgrazia".

AgoraVox Italia

sabato 18 febbraio 2012

https://www.agoravox.it/Le-ultime-ruote-stridono.html

Le ultime ruote stridono

Posso premettere alcune cose. Intanto, io non sono qui per rispondere al consigliere perché può dire quello che vuole, sinceramente, non è che m'interessi più di tanto...

Dalla trasmissione di approfondimento "Link", in onda su una emittente locale, il preambolo del presidente della Provincia di Teramo, Walter Catarra, al consigliere regionale Carlo Costantini, dell'Italia dei Valori.

E allora, ecco un paio di consigli per risalire dall'ultimo posto per i consensi pubblicata da Il Sole 24 Ore (Governance Poll 2011). Credo che "l'ultimo in classifica" abbia sbagliato trasmissione. Di certo sapeva chi avrebbe avuto di fronte nel contraddittorio e se, come ha dichiarato, non era interessato alle opinioni del suo interlocutore, poteva starsene a casa, al calduccio, in attesa che qualcuno confezionasse una trasmissione ad hoc, in un contesto appropriato alla levatura politica che rappresenta e per le aspettative disattese.

Intanto, "gli amministrati" sperano che la situazione in cui versa, quella "dell'ultima ruota del carro, del gradimento", secondo quanto riportato da tutti i media nazionali e anche da quelli internazionali, possa essere uno stimolo per fare meglio. Per il peggio, ci ha già pensato l'altra "ruota appaiata", il presidente della Regione Abruzzo, Gianni Chiodi, anch'esso ultimo in classifica, il cui leader "invincibile", di un paese che grazie a Dio non governa più, lo ha precisato essere "un paese di merda".

"In a low guttural he cautioned the others to silence" ("In un basso gutturale ha ammonito gli altri al silenzio") Edgar Rice Burroughs. Questo quanto percepito da alcuni spettatori allibiti di un "varietà" televisivo dove i partecipanti, che spingevano dietro la porta degli studi, non portavano stampato in fronte: "Different people have different approaches", ("Persone diverse hanno approcci diversi). E meno male che non se ne accorgono.

Più facile per gli altri, di chiara e diversa provenienza culturale, evitarle.

Epiteti poco gradevoli e ingiurie da salotto, involontarie, come il comportamento farsesco di "Borat", un giornalista immaginario kazako inventato e interpretato, in un film del 2006, da Sacha Baron Cohen.

Si sa che gli "ambasciatori non portano pene", ma le "palle" per raccontare nefandezze coperte da certi media ed evidenziati da altri con un pennarello scolorito, c'è chi le ha ancora. Raccontare di un'intervista "in ginocchio" a un moderno Don Chisciotte, la cui tendenza è antica come l'eroe di Miguel de Cervantes, di intervenire violentemente in questioni che non lo riguardano, l'abitudine di non "pagare" per le promesse "non mantenute", ottenendo l'effetto di molte privazioni, guasti e umiliazioni, prima di essere persuaso a tornare al suo "villaggio natale".

Come nel romanzo, l'intervista è stata, all'insaputa dei protagonisti e deuteragonisti, maldestramente suddivisa in una parte quasi farsesca, la seconda più seria e filosofica, sul tema dell'inganno. Le ultime ruote del carro, se quelle di un autotreno, sono di riserva, vanno a coppie e sollevate dall'asfalto.

Raramente si consumano, si riciclano, perché comunque è sempre meglio sostituirle. Una rondine, strano a dirsi, potrebbe fare primavera. In molti, e concordi, si può quel che non si potrebbe da soli e divisi.

AgoraVox Italia

venerdì 2 marzo 2012

https://www.agoravox.it/No-Profit-e-le-Onlus-truffa.html

No Profit e le Onlus truffa

Sarebbe meglio non essere oggetto di bontà, neanche di quella vera, poiché è bello essere soggetti di diritti, padroni e gestori della qualità della propria vita.

In una intervista a me stesso sono riuscito a spiazzarmi con una domanda inaspettata. Perché mai dovrei finanziare una ricerca medica attraverso una Onlus se poi sarà comunque il Servizio Sanitario Nazionale a saldare il conto per le mie cure?

Lo Stato ha il dovere di investire sulla ricerca in ordine alla crescita economica, intellettiva e morale di una nazione civile. Spesso il governo abdica perché i propri interessi sono animati da altri argomenti di carattere "vizioso", nell'accezione teologica del termine, che inducono a secernere opzioni nichiliste. Potrebbe essere poco saggio contribuire alla "colletta di solidarietà", in quanto la salute è un bene oggettivo, che non deve essere risolto con strumenti soggettivi, come la sensibilità individuale, una variabile soggettiva dipendente da molteplici e incontrollabili fattori.

È accettabile subordinare un bene capitale, non negoziabile, la salute, la vita, a variabili dipendenti, non certe, non definite? Ai portatori di handicap, a coloro che possono ancora, andrebbe detto di alzare la testa! Di non cronicizzare la propria dipendenza, di fuggire da quella gabbia di reciproca strumentalizzazione, perché in cambio di un "tozzo" si sta cedendo la vita, che è occasione unica. Sarebbe meglio non essere oggetto di bontà, neanche di quella vera, poiché è bello essere soggetti di diritti, padroni e gestori della qualità della propria vita. Onlus che truffa. Ristoranti, alberghi, santoni, club erotici. Oltre 3 mila finte organizzazioni no profit sono state scoperte in tre anni. E altre frodi spuntano ovunque. Per rubare fondi o evadere le tasse. Ai danni del fisco e dei veri volontari. "Una mela marcia può infettare un'intera cesta".

Il nostro Paese è invaso da una miriade di "cavallette blu" con lampeggiatore acceso per aprire varchi che nessuno si sognerebbe di sbarrare. Quanto possa essere irrinunciabile la presenza di un presidente di Regione piuttosto che quello di una Provincia ottenuta con spostamenti rapidi a bordo di automobili di lusso rimarrà un mistero per molti cittadini. Se si pensa a Londra, si scopre che il sindaco si sposta in bicicletta, mentre i reali di Svezia passeggiano per le vie di Stoccolma e frequentano i caffè assieme ai comuni mortali.

Forse The Metropole of the British Empire è più sicura delle realtà provinciali di casa nostra? Un Governatore non potrebbe spostarsi con in tasca l'abbonamento di un autobus di linea? Cos'è che non può fare di importante che non possa essere fatto più tardi, il giorno dopo o da un suo incaricato? Gli amministratori pubblici, che invocano l'utilizzo dei mezzi pubblici, i servizi del bike-sharing, dovrebbero dare per primi l'esempio e senza scuse.

Diffondano in rete le abitudini di spostamento degli assessori, dei dirigenti di servizi. Solo così si renderanno conto dei problemi che ogni cittadino incontra se vuole spostarsi in modo sostenibile. E allora, le domeniche di primavera e di beneficenza che verranno, i politici e i politicanti che dentro di essi provano una sorta di inadeguatezza che non vogliono spiegare, ma la percepiscono chiara e sorda come il brivido di un bambino colto in fallo, oltre ad arrossire inutilmente cospargendosi del fard raccomandato dal responsabile dell'immagine, potrebbero rimettere le chiavi della macchina allo Stato e dire: "Adesso servirà a qualcosa di buono", poiché è bello essere soggetti di diritti, padroni e gestori della qualità della propria vita.

__AgoraVox Italia__
__giovedì 8 marzo 2012__
https://www.agoravox.it/Meritocrazia-da-cabaret.html

Meritocrazia da cabaret

Cittadini ostaggi delle paturnie presenili di politici disarcionati e divenuti per ripiego mecenati della domenica, benefattori e culturisti delle arti in una improbabile Gotham City, assieme all'uomo Pinguino. Già icone della Prima Repubblica e dei... "nun me rompe li cojoni!", di ministri veraci come quello abruzzese avvicinato da il portalettere di Chiambretti nel 1992, anonimi fra gli anonimi peones affaccendati in compiti clientelari eseguibili non prima della benedizione dei caballeros scudo crociati.

Di servilismo e clientelismo si sopravvive

fregandosene dei principi di "glasnost" a vantaggio di una ridicola e sbandierata "meritocrazia da cabaret". E poi ti devi pure sentire la reprimenda del direttore dell'Agenzia delle Entrate Befera, ospite da Fabio Fazio, sull'etica dei valori assoluti "Non contribuenti ma maestri di vita".

"Chiodi sotto attacco di potenti lobby": scompiglio nei negozi di ferramenta. Dalle maggiori aziende del settore, Black & Decker, Bosch, Würth, prodotti e sistemi di fissaggio professionali, utensileria a mano, elettrica e pneumatica, trapela il disappunto ribadendo con fermezza la loro estraneità ai fatti "Non ci faremo intimidire!"

Sconcerto e allarmismo negli ambienti del "bricolage" e del "fai da te". "Non comprendiamo questa aggressione gratuita alla lobbystica da parte di una certa stampa infame!". Alla "Super Attack" manifestano la propria indifferenza chiosando con un laconico "Noi attacchiamo l'impossibile senza usare il martello!"

"Lobby & Work", si dissocia dalle dichiarazioni riportate nel pieno sostegno agli edicolanti...

**AgoraVox Italia**
**sabato 10 marzo 2012**
https://www.agoravox.it/Congresso-del-Pdl-a-qualcuno-piace.html

Congresso del Pdl: a qualcuno piace perdere facile

Il commento su Facebook del Governatore Chiodi: "Congresso vero, uomini veri, tutti contenti, bravi tutti".

Lodevole iniziativa quella di scegliere la location per il Congresso provinciale di un partito nelle prossimità del cimitero comunale. L'allerta nelle pompe funebri si è protratta per l'intera giornata di domenica 4 marzo, a garantire, semmai ve ne fosse stato il bisogno, il pietoso ufficio della riesumazione e scongiurare il non raggiungimento del quorum da parte degli aspiranti a un posto di coordinatore provinciale. L'eventuale, per niente auspicabile, ricorso al voto delle salme neo tesserate, già ventilato dalle illazioni, può darsi solo fantasiose, in alcuni articoli di quotidiani, avrebbe disteso gli animi e rappreso i nervosismi prima della consultazione.

Le segreterie degli sfidanti avevano affilato le armi nei giorni precedenti il confronto attraverso una vivace dialettica interna. Il senatore Paolo Tancredi è stato riconfermato coordinatore del Pdl con 3.891 preferenze, mentre al contendente "gattiano", Emiliano Di Matteo, sponsorizzato da Paolo Gatti, assessore alle Politiche Attive del Lavoro, Formazione e Istruzione, Politiche sociali, alla Regione Abruzzo, sono andati 2.918 voti a perdere. "Perdi spesso, perdi adesso. Ma confrontati con moderazione".

Gara, competizione. Accettare le sfide senza mai superare i propri limiti. Mettere in conto che si può anche perdere. La percezione che il denaro potrebbe essere speso per altri scopi. Rinunciare al confronto se si è consapevoli di non essere in possesso degli strumenti adatti. Evitare di considerare la partita come l'unica soluzione. La dipendenza da competizione è una patologia riconosciuta e certificata anche dall'Organizzazione Mondiale della Salute. Nelle intemperanze della partecipazione si nascondono i rischi collegati alla soggezione patologica. Costantemente impegnati ad analizzare le proprie sfide del passato e a pianificare compulsivamente le prossime. Il ricorso agli altri per riuscire a gestire la propria situazione.

In questi comportamenti a rischio, il consiglio potrebbe essere quello di riflettere e di parlarne con il medico di fiducia per corredarsi di informazioni su come affrontare, approfondire, comprendere, fare fronte alle problematiche utili a riconquistare sicurezza, responsabilità delle proprie azioni.

Il dato che viene fuori dalla kermesse domenicale marzolina conferma l'entusiasmo del Pdl e le robuste fondamenta che il partito ha pazientemente installato nel tessuto sociale, ribaltando con un fendente di puro esercizio democratico la campagna denigratoria messa a regime da certa stampa. Dapprima screditato, il Partito della libertà si conferma quindi partito della gente. Pronto fatto il commento su Facebook del Governatore Chiodi: "Congresso vero, uomini veri, tutti contenti, bravi tutti".

Tutto quanto in perfetta sintonia con l'ex parlamentare, l'on. Antonio Tancredi, della cui statura politica basterebbe riportare la risposta alla domanda di un giornalista: "Lei è comunque considerato uno dei teramani di potere. Lo sa?"

- "Vede, ho sempre lavorato per questa città. Sono stato deputato per quattro legislature e assessore regionale per due. Quando ho lasciato, nel 1994, per mia autonoma decisione, rischiavo di... Restare disoccupato. Allora sono diventato uno dei fondatori della Banca di Teramo".

A qualcuno piace perdere facile?

__AgoraVox Italia__

sabato 7 aprile 2012

https://www.agoravox.it/Laborare-est-orare-lavorare-e.html

"Laborare est orare": lavorare è pregare... in qualcuno che ci raccomandi

"Laborare est orare", lavorare è pregare. Anche il lavoro, se fatto con la giusta intenzione, è una preghiera.

Rammento ai più distratti che davanti alla morte si è tutti uguali. Semmai, è il "check-in" che fa la differenza. Consapevoli e inconsapevoli, in fila per varcare le soglie dell'infinito, oltrepassare il gate d'imbarco. C'è quello che se lo sentiva, l'altro colto di sorpresa e pure chi si chiama finalmente libero da un peso insostenibile. I bagagli della vita. Borsa, baule, zaino, fardello, sacco, valigia, scatole di cartone, scatole cinesi per i politici. Fatti a pezzi dalla vecchiaia, inorriditi dalla malattia. Qualcuno attaccato alla canna del gas. L'ossigeno per gli spiccioli di vita resi in resto in una stanza d'ospedale, al metano della cucina per chi ha deciso di farla finita con le bollette.

Se spingersi oltre, in queste frasi, valesse a dire di

essere già morti almeno una volta, l'immaginario non impedirebbe comunque una caricatura, il disegno satirico, parodie, la salace rappresentazione dell'aldilà. Un binario morto, un tunnel con la luce in fondo. Schiere di vergini in attesa del dipartito, angeli con la lira che strimpellano nelle orecchie del caro estinto durante l'ascensione. Forconi roventi impugnati come giavellotti da diavoli cornuti con la coda a freccetta da puntatore di mouse.

Luoghi comuni? Icone della fantasia? E che dire allora dei capi di stato che siedono da pari a pari, attorno a un tavolo di mediazione, a decidere dei destini del mondo, con Barack Obama da una parte e dall'altra gente che se ne va in giro vestita come il mago Otelma, una fascia rosso porpora al posto della cintura? E poi si dileggiano gli Ayatollah, le donne di altri mondi nascoste dai maschi nelle vesti monacali con l'optional della mascherina per le mosche sugli occhi. Paura, angoscia, inquietudine. Tormenti dei vivi deputati dalla nascita a ragionare del trapasso. Richiesta di aiuto. Invocazioni dei santi. Suppliche, preghiere. Le mani giunte, il volto chino, le parole mirate in alto a cercare la quiete nell'Onnipotente.

A pensarci bene, basterebbe anche soltanto un

potente. "Laborare est orare", lavorare è pregare. Anche il lavoro, se fatto con la giusta intenzione, è dunque una preghiera. E se preghiera ci vuole, al santo in paradiso bisogna raccomandarsi. Da qui, qualcuno ha voluto elucubrare, tra rimandi, equilibrismi verbali e sinossi da osteria, una chiosa da antologia: "Non c'è nulla di male a raccomandare chi è meritevole". Ed ecco servite e pronte all'uso, le aziende partecipate. I bilanci, una provvidenziale manna dal cielo. Società create per risolvere problematiche legate all'ingegneristica, all'economia piuttosto che a quelle paesaggistiche, che in qualche caso si scopre non dispongano degli strumenti professionali necessari, in un sospetto ritardo a orologeria.

Il presidente di una regione italiana ci è andato di lama sottile: "L'incapacità di assolvere al ruolo della società in house Abruzzo engineering, che ha avuto sino a 265 dipendenti, assunti perlopiù in maniera clientelare e senza un reale know how. La Regione gli ha girato 40 milioni di fondi UE per sviluppare la banda larga ma di questi, alla Selex, ne sono andati solo nove. Il resto, vale a dire 31 milioni, è servito per mantenere la struttura. Non solo. Scopriamo ora che l'Unione europea, sui 40 milioni concessi, ne certificherà solo 5 e dunque 35 saranno a nostro carico. Morale della favola: questo giochetto ci costerà complessivamente 106 milioni e per fortuna che dal 2010 Abruzzo engineering è in fase di liquidazione dopo aver presentato un debito di 19 milioni che non potevo ancora accollare sulla testa dei corregionali".

Cassintegrati stagionati 15 mesi come pezzi di parmigiano del discount; granelli di quella zavorra che i "palloni gonfiati" che ci governano gettano via per rimanere a galla nell'aria. Una inutile disuguaglianza immeritata, arbitraria; svantaggiati dalla distribuzione delle dotazioni iniziali, naturali e sociali. Nascere intelligenti o no, ricchi o poveri non è un merito, si tratta solo di essere più fortunati o meno. Un granello di zavorra nato inutile, usufruibile da qualcun altro, per essere buttato quando serve.

AgoraVox Italia
sabato 2 giugno 2012
https://www.agoravox.it/In-morte-del-peone.html

In morte del peone

"Una stupida coerenza è l'ossessione di piccole menti, adorata da piccoli uomini politici e filosofi e teologi. Con la coerenza una grande anima non ha nulla a che fare. Tanto varrebbe che si occupasse della sua ombra sul muro" (Ralph Waldo Emerson).

"Arrivano il martedì mattina e all'ora di pranzo del mercoledì farfugliano qualcosa tipo che non si vota e che la loro presenza a Roma è superflua. E spariscono fino al martedì successivo". Il mio amico lavora in un albergo nei pressi di Montecitorio e mi racconta questo dei parlamentari fuori sede. (di Francesca Barzini, il Fatto Quotidiano).

Quando muore un peone, un deputato semplice, praticamente l'ultimo della fila, la madre dei servi sciocchi partorisce. XVII, numeri romani. Una shakerata e si legge, VIXI. Vissi, passato remoto di vivere. Un sospiro per esorcizzare l'infinito passato del verbo morire. "Essere morto". E così sul 17 si è accatastata tanta di quella sfiga che solamente se sei un gentleman non ti tocchi. La vita è un susseguirsi di fenomeni dovuti alla conoscenza. La morte, al contrario, è una supposizione, un'ipotesi fatta sulla base di segnali soltanto immaginabili. Non dà indizio di sé a chi è cosciente di esistere. "Se ne vanno sempre i migliori!", la vocina di dentro utile nei funerali. Non è così. Se ne vanno anche gli orfani di un aggettivo positivo. Gli imbroglioni, i ladri e gli usurai. Intrallazzatori, furbetti del quartiere, broker senza scrupoli. Massoni, laici e chierici. I latitanti. Questi se ne vanno un po' prima.

Il peone viaggiatore

Una tipologia elitaria che desidererebbe un trattamento esclusivo è quella dei potentati, destinata comunque alla putrefazione. Da qualche parte nel mondo, ogni giorno muore un peone. E la fanfara pronta al capezzale per accompagnarlo con la grancassa. Un signorotto, che fuori del proprio perimetro di influenza conta quanto il due di coppe a briscola o un padre fondatore in una setta di invasati. Un'anima senza colpe. I servi sciocchi, come arbitri accorsi per un imperdonabile fallo, si accalcano attorno alla salma alla ricerca di un utile idiota che testimoni quella presenza utilitarista. Una persona autentica e retta. Nelle sue mani, il proposito diveniva straordinarietà. Le complicazioni invalicabili, oltrepassate. Riflettere su cose grandi da realizzare.

Agli avversari politici piace ricordarlo come maestro del sapere amministrare. Un politico protagonista della crescita economica della sua terra. Un indomito conoscitore dell'animo umano, delle sue debolezze, delle sue virtù. Un rappresentante apicale della scena politica. Figura simbolica di una comunità, che ha saputo progredire grazie alla sua eredità politica. Conservò un segnale di umanità, quando in un momento di massima difficoltà del partito, nelle conversazioni che sapeva rendere confidenziali sollecitava i giovani a non piegarsi mai alla tentazione di allontanarsi dalla politica. Uno degli ultimi mecenati. Con la sua attività parlamentare ha esercitato un ruolo di primo piano nelle innumerabili battaglie politiche, portando nei palazzi delle massime istituzioni nazionali, le istanze del proprio territorio. Un politico di razza che è stato coerente fino in fondo. Con le loro astrazioni sull'attendibilità di una vita che accetti l'idea della morte, i servi sciocchi hanno irresponsabilmente fatto di se stessi un insensato luogo comune.

Nel bestiario dei termini si insinua il pensiero di un filosofo statunitense del diciottesimo secolo: "Una stupida coerenza è l'ossessione di piccole menti, adorata da piccoli uomini politici e filosofi e teologi. Con la coerenza una grande anima non ha nulla a che fare. Tanto varrebbe che si occupasse della sua ombra sul muro" (Ralph Waldo Emerson).

I servi sciocchi

Con le loro astrazioni sull'attendibilità di una vita che accetti l'idea della morte, i servi sciocchi hanno irresponsabilmente fatto di se stessi uno insensato bestiario di luoghi comuni.

XVII, numeri romani. Una shakerata e si legge, VIXI. Vissi, passato remoto di vivere.

Un sospiro per esorcizzare l'infinito passato del verbo morire. "Essere morto". E così sul 17 si è accatastata tanta di quella sfiga che solamente se sei un gentleman non ti tocchi. La vita è un susseguirsi di fenomeni dovuti alla conoscenza. La morte, al contrario, è una supposizione, un'ipotesi fatta sulla base di segnali soltanto immaginabili. Non dà indizio di sé a chi è cosciente di esistere.

"Se ne vanno sempre i migliori!", la vocina di dentro utile nei funerali. Non è così. Se ne vanno anche gli orfani di un aggettivo positivo. Gli imbroglioni, i ladri e gli usurai. Intrallazzatori, furbetti del quartiere, broker senza scrupoli. Massoni, laici e chierici. I latitanti. Questi se ne vanno un po' prima. Una tipologia elitaria che desidererebbe un trattamento esclusivo è quella dei potentati, destinata comunque alla putrefazione. Da qualche parte nel mondo, ogni giorno muore un signorotto con la fanfara pronta al capezzale per accompagnarlo con la grancassa. Un peone, che fuori del proprio perimetro di influenza conta quanto il due di coppe a briscola o un padre fondatore in una setta di invasati. Un'anima senza colpe. I servi sciocchi, come arbitri accorsi per un imperdonabile fallo, si accalcano attorno alla salma alla ricerca di un utile idiota che testimoni una presenza utilitarista.

"Ho conosciuto una persona sincera, onesta, coerente. Con lui un progetto diventava straordinario. Le difficoltà insormontabili, superate. Pensava in grande e grandi cose ha realizzato. Da sempre suo avversario politico, mi piace ricordarlo come un punto di riferimento, un maestro del sapere amministrare, che ha formato il mio modo di fare politica. Il nostro territorio perde un politico protagonista della crescita economica. Esempio immortale, i giovani cercheranno di fare un modello del suo incancellabile ricordo. Un indomito conoscitore dell'animo umano, delle sue debolezze, delle sue virtù. Un rappresentante apicale della scena politica. L'emblema di una comunità, che ha saputo progredire e crescere, grazie alle opere tangibili, frutto della sua eredità politica. Conservò un segnale di umanità, quando in un momento di massima difficoltà e sbandamento del partito che mi onoro di rappresentare, in un colloquio riservato mi esortava a non cedere alla tentazione di abbandonare la politica, ricordandomi che il mio compito sarebbe dovuto essere quello di onorare me stesso, attraverso il completamento delle liste dei candidati. Uno degli ultimi mecenati del nostro tempo. Con la sua attività parlamentare e l'impegno nella realizzazione di una banca ha esercitato un ruolo di primo piano nelle innumerevoli battaglie politiche, trasferendo nei palazzi delle massime istituzioni nazionali, le istanze del territorio, favorendo sviluppo e crescita. Era un politico di razza e in questo solco ha coerentemente praticato il potere. Al contrario di altri, è stato coerente fino in fondo".

Con le loro astrazioni sull'attendibilità di una vita che accetti l'idea della morte, i servi sciocchi hanno irresponsabilmente fatto di se stessi un insensato bestiario di luoghi comuni. In questo banale elenco si insinua il pensiero di un filosofo statunitense del diciottesimo secolo: "Una stupida coerenza è l'ossessione di piccole menti, adorata da piccoli uomini politici e filosofi e teologi. Con la coerenza una grande anima non ha nulla a che fare. Tanto varrebbe che si occupasse della sua ombra sul muro" (Ralph Waldo Emerson).

"La politica è conflitto intorno alle idee per come organizzare la società", ha sentenziato Giuliano Ferrara. La responsabilità dei cittadini è sempre altissima e non è possibile scaricarla sui politici, ha poi aggiunto per abbellire la prolusione. "È ludismo maschile", la replica di Sabina Ciuffini. La signora, in virtù del proprio essere, non si è azzardata a chiamare con un nome appropriato la sciocchezza appena digerita. Una pippa mentale.

__AgoraVox Italia__
__lunedì 12 novembre 2012__
https://www.agoravox.it/Eutanasia-industriale-per-Abruzzo.html

Eutanasia industriale per Abruzzo Engineering
Un argomento che nessun giornalista ha mai discusso...

(...) L'Avvocato Carli ha definitivamente chiarito che la società (la Abruzzo Engineering S.C.p.A., n.d.r.) può essere affidataria di commesse direttamente da Regione e Provincia,

indipendentemente dalla dicotomia di opinioni che a vari livelli istituzionali sono emersi in questi anni, sulla sua configurazione in house o non in house.
(…)
A parte "l'irrilevante" parere della UE e una nota del Presidente dei Servizi Innovativi di Confindustria Abruzzo, Cesare Zippilli, il quale ha espresso ampia soddisfazione per la decisione assunta dalla Commissione Europea che, ribaltando le decisioni assunte dalla giustizia amministrativa, sancisce che Abruzzo Engineering non è una società in house e per tanto non può ricevere incarichi ad affidamento diretto dalla Regione Abruzzo, nella disamina, se la si vuole puntuale, dell'evoluzione storico-industriale della società bisogna che il cittadino contribuente possa essere messo in condizioni di porre una domanda.
Una sola domanda, al Presidente della Regione Abruzzo. Lo stesso presidente Chiodi che ha affermato: "Era un carrozzone, una delle vicende meno etiche... una delle pagine nere della Regione Abruzzo; messa in liquidazione per perdite da 19 milioni di euro, da non mettere a carico degli abruzzesi e di cui la Regione stessa può fare a meno tanto è vero che sta andando avanti senza Abruzzo

Engineering".

Un argomento che nessun giornalista ha mai discusso con Chiodi. Signor presidente, lei conosce il nome, la vicenda e l'avvenuto licenziamento dell'ex Direttore Generale di Abruzzo Engineering. Sa bene che la società non è nata soltanto per volontà del centrosinistra di Del Turco. Tanto è vero che i dipendenti non sono stati licenziati dalla Collabora Engineering, per poi passare alla AE, come invece avvenne nel 2002, con la SMA Abruzzo di Enrico Intini. Quindi, c'è stato un assestamento societario di un contenitore messo su non dal centrosinistra, ma dal suo schieramento politico, il centrodestra, nella persona dell'allora governatore d'Abruzzo, Giovanni Pace.

La domanda:

"Presidente Chiodi, lei è a conoscenza del ruolo che ricopriva l'ex Direttore Generale di AE, già rinviato a giudizio e licenziato dalla società, nella Collabora Engineering; una S.p.A. voluta e messa su con 51 miliardi di lire, di denaro pubblico, non dal centrosinistra, bensì dallo stesso schieramento politico che lei rappresenta, cioè il centrodestra?"

Le ripeto la domanda:

"Lei, presidente, è a conoscenza del ruolo che

ricopriva l'ex Direttore Generale di AE, già indagato, rinviato a giudizio e licenziato, nella Collabora Engineering, creata dal centrodestra?".

AgoraVox Italia

lunedì 3 dicembre 2012

https://www.agoravox.it/Abruzzo-Engineering-bruciati-29.html

Abruzzo Engineering: bruciati 29 milioni per "rivoltare i cadaveri nelle tombe"

Il gruppo pubblico è presente con il 30% in 'Abruzzo Engineering' e ha citato in giudizio il governatore.

27 novembre 2012 - "La Selex Service di Finmeccanica cita in giudizio Gianni Chiodi, presidente della Regione Abruzzo, e chiede 29 milioni di euro di risarcimento".

8 novembre 2006 - "Definire assurdo quanto sta accadendo attorno alla vicenda Abruzzo Engineering potrebbe risultare anche riduttivo: Finmeccanica, da un lato, è pronta a sostenere con Selex Management il neo costituito carrozzone voluto dalla Regione, dall'altro, con Selex Comunications si appresta a mettere in Cassa Integrazione 200 dipendenti".

Nell'Ufficio Tecnico del Comune di Teramo, con l'allora sindaco l'attuale presidente della Regione

Abruzzo Chiodi, è stato conferito nel lontano 2006 l'incarico alla Collabora Engineering S.p.A. per la redazione di un piano di protezione civile comunale. Nove mesi dopo, il parto. La Collabora Engineering, durante la gestazione già trasformatasi in Abruzzo Engineering S.C.p.A., effettua la consegna degli elaborati del piano di protezione civile.

Le frequenti esternazioni pubbliche del governatore Chiodi sulla società partecipata Abruzzo Engineering S.C.p.A., in liquidazione dal 2010 a causa di un presunto deficit di 19 milioni di euro, incuriosiscono attraverso inconsuete iperbole e metafore, che ridimensionano una società creata con fondi pubblici e di cui la Regione stessa detiene il 60% del pacchetto azionario: "carrozzone", un "serbatoio clientelare" con "un management da fare rivoltare i cadaveri nelle tombe", mentre quando era Sindaco di Teramo gli ha affidato la redazione di un piano di protezione civile comunale?

Abruzzo Engineering nasce il 13 ottobre 2006 dall'esperienza di Collabora Engineering, società a capitale misto della Provincia dell'Aquila operante dal 2002, voluta dall'ex governatore Giovanni Pace (centrodestra). Il progetto sui piani di protezione civile per la Città di Teramo, Sindaco Gianni Chiodi, commissionato alla Collabora Engineering è stato consegnato il 22 novembre 2006, cioè quando la stessa società incaricata era già stata trasformata in Abruzzo Engineering S.C.p.A.

Durante il suo mandato da primo cittadino dal 2004 al 2008, il presidente Chiodi ha di sicuro appreso dai media cosa mai si "nascondesse" fra le pieghe del "carrozzone", Collabora Engineering/Abruzzo Engineering, se già dal 2006 erano note alle cronache certe vicissitudini societarie.

Una curiosità, una strana combinazione. Sul link della "Cives Teramo", nel rimando al documento finale, non si apre il documento cercato.

AgoraVox Italia
lunedì 24 dicembre 2012
https://www.agoravox.it/E-di-gia-Natale.html

È di già Natale

Il quotidiano di economia e finanza, Il Sole 24 Ore, ha scritto sulla lavagna i nomi dei "buoni" e dei "cattivi". La classifica che da più di vent'anni misura la vivibilità delle centosette province italiane attraverso una serie di dati statistici. Quando scrivi alla lavagna con il gessetto senti un rumore acuto e fastidioso, infatti sfregandolo si mettono in vibrazione le sue molecole. Si ha quindi l'emissione di un suono acutissimo. Il livello del rumore è modesto ma con una frequenza che disturba, al limite del campo delle frequenze udibili. Se si spezza, il rumore scompare.

È di già Natale. Chi lo ha detto che bisogna essere più buoni? C'è chi con jingle bells ci va a tempo grattandosi le palle. Una giornalata per spiacciare la mosca sul parabrezza, il telefonino tenuto sull'orecchio schiacciato dalla spalla e il "vaffanculo" al lavavetri che ad alzare il tergicristallo non si azzarda ma ci prova sempre con la spugna nonostante un ditino che fa no a guastare la mira sul semaforo. Quello dietro s'incazza con il clacson se il verde non scatta. La frizione puzza. "Porca puttana, ci muoviamo?!". La strada per il lavoro la mattina è più corta. La sera alle cinque, quando i capelli ti puzzano di fumo per uno stronzo che se ne frega dei divieti in ufficio, su quello stesso cammino segnato dal destino la via di casa non la ritrovi.

"Mi danno un calcio in culo o mi lasciano in azienda?". L'incubo della cassa integrazione e le file agli sportelli del collocamento ti rodono i coglioni se pensi a quei pezzi di merda che si stanno mangiando tutto nelle trattorie trasteverine a rutti condivisi e sottintesi, alla faccia di chi con una crocetta sulla scheda elettorale a Roma ce li ha mandati. E poi devi fare pure i conti con le reprimende di cazzari che vaneggiano meritocrazie de 'sta cippa, di sanità risanata con una risata e di scuole occupate giusto così per il piacere di quei prof che, come dice il premier Monti, non se la sentono di fare due ore in più la settimana.

È di già Natale. Un imbecille che gira e rigira ogni anno per i banchi occupati da giovani annoiati tenuti in rete da uno smartphone nascosto fra le gambe. E su quella giostra resa quotidianamente inutile girerà fino all'ultimo, fino alla pensione, ignorando l'ossessione compulsiva del Manzoni. Uno che ha scritto e riscritto quei Promessi Sposi, rivisti a comando dei potenti, addizionati o limati per aggiustare il tiro, mentre dall'altra parte dell'Europa, tra carcere e una giocata d'azzardo, Dostoevskij sfornava un capolavoro dopo l'altro. Diciotto ore, neanche un secondo in più. Le altre da contratto sono da consumarsi a domicilio con i compiti in classe da correggere, le lezioni da preparare, i consigli, gli scrutini, riunioni, esami, ricevimento genitori e altre seccature. Guai a sospettare che qualcuno possa approfittare di quel tempo incustodito dalle istituzioni per racimolare spiccioli in nero con qualche ripetizione privata segnalata dal collega, che tanto gentile e tanto onesto pare. Queste cose da noi accadono di rado. Di tempo pieno a scuola, come fanno i trogloditi anglosassoni, neanche a parlarne. Poi chi ce la mette sul gas l'acqua per la pasta?

È di già Natale. L'ossigeno in ospedale non manca prima che ti scendano giù alla morgue. I tagli del tagliatore con la legge del taglione hanno rimesso a posto i conti, ché era tutto allo sfascio. La prostata ti fa scodinzolare il pisello per le pisciate notturne? Fatti dare in culo! Una ecografia dopo mesi quando il radiologo si leccherà i baffi davanti a una lastra tenuta controluce che gli mostra un bel palloncino di salsicce sotto strutto al posto di una ghiandola prostatica.

È di già Natale. Uno stronzo. Apre il giornale e legge che vive in una città che si è classificata per la qualità della vita ad oltre metà classifica su centosette. Praticamente a tre quarti dalla prima e a un quarto dall'ultima. I risultati dell'inchiesta pubblicati sul Sole 24 Ore sono stati accolti con particolare favore da tutti gli amministratori pubblici "peggiori". Poteva andare peggio. Tocchiamoci le palle. Diciamocelo con franchezza, dieci punti sotto metà classifica non ti fa eiaculare di gioia. Però, arrivare prima del capoluogo di regione, che potrebbe cooptarci nella propria provincia, il gesto dell'ombrello e una pernacchia come sobri cenni di intima soddisfazione sarebbe inappropriato derubricarlo nella stretta metafora del cagare fuori dalla tazza.

È di già Natale. L'ultima cazzata, una galleria di plexiglass ad ammantare la via dello struscio serale in provincia come a Milano (diciassettesima in classifica), pare sia l'idea dell'anno, che piace tanto ai commercianti, agli architetti, ai politici e alla gente. Facile intuirne il perché. "Finalmente, potremo vedere quanta merda ci piove dal cielo senza sporcarci".

AgoraVox Italia
sabato 5 gennaio 2013
https://www.agoravox.it/Oggi-le-coniche.html
Oggi le coniche

Le inutili secanti mentali degli amministratori pubblici, attraverso le loro mancanze, il mettersi accanto e l'andare oltre sfolgorano come il faro di Alessandria, considerato all'epoca in cui lo studio delle coniche si cominciava a trattare diffusamente una delle sette meraviglie del mondo.

Mary Pickford. Una che pesa 2 Oscar. Come migliore attrice nel 1930, alla carriera nel '76. Una grande attrice del cinema muto, soprannominata "America's sweetheart" (la fidanzatina d'America). Il conto dei soprannomi oggi non lo si tiene più a mente e si confondono pure con nomignoli imbarazzanti. La ragazza della porta accanto che apre subito se bussa l'uomo che non deve chiedere mai perché è nato in Padania e ce l'ha duro di natura al contrario di quei tronisti piagnucolosi che non sono buoni neanche per un burlesque tra olgettine ed escort vestite da suora.

Le prossime elezioni politiche potrebbero essere paragonate a questi personaggi divenuti un must dopo l'antropomorfizzazione al referendum istituzionale sulla scelta fra monarchia e repubblica. Il 24 febbraio prossimo sarà il giorno del nostro destino politico. C'è chi vorrebbe metterlo in mani sicure. Inizia il riscaldamento degli aspiranti "Peones". Politicanti da strapazzo roteano il capo muggendo in equilibrio sul fondoschiena prospiciente a 90°. Viaggiano in coppia per farsi coraggio, come Ciccillo e Ninetto nel film diretto nel 1966 da Pier Paolo Pasolini, Uccellacci e uccellini, a cercare falchi e passeri da evangelizzare. Parabola, iperbole in una ellisse da "Le Coniche di Apollonio" (225 a.C. circa). Un visionario è tutto quanto e se non siete d'accordo prendetevela con Pasolini.

Nella teoria del Grande Geometra sulle coniche nello spazio a tre dimensioni, l'inclinazione del piano secante determina il tipo di sezione. Con questo processo propositivo si ha una "ellisse" quando il piano secante incontra entrambe le generatrici contenute nel piano assiale; si ha una "parabola" quando il piano secante è parallelo a un lato del triangolo assiale; si ha una "iperbole" quando il piano secante incontra un solo lato del triangolo assiale. Invece, le secanti mentali dei politici di provincia convergono tutte sulla "Festa de Noantri", che si celebra in onore della Beata Vergine del Carmelo a Trastevere in Roma.

Apollonio fu anche il primo ad attribuire alle coniche i nomi di "ellisse (mancanza)", "parabola (mettere accanto)" e "iperbole (andare oltre)". Le inutili secanti mentali degli amministratori pubblici, attraverso le loro mancanze, il mettersi accanto e l'andare oltre sfolgorano come il faro di Alessandria, considerato all'epoca in cui lo studio delle coniche si cominciava a trattare diffusamente una delle sette meraviglie del mondo. Le folgori si scagliano contro il barellato incastrato in un angolo retto di un Pronto Soccorso sempre in emergenza personale a fiato corto ma rigorosamente risanato dalla spending review.

Una allampanata nelle eccellenze sbandierate da politicanti che poi però portano a curare i loro cari in luoghi più sanitariamente sicuri e soprattutto a distanza di sicurezza da nomine di primariato acefalo. Non tralasciando di disapprovare la mobilità passiva nelle ASL di cui sono responsabili. Le eccellenze di paesaggi sublimi e ammalianti, di mari e monti, per poi andare a comprare case di villeggiatura in una precisa porzione orientale del Mediterraneo a sud delle coste della Turchia. E Dio solo lo sa perché!

La scuola pubblica a pezzi, comunque la migliore. Sebbene senza una lira, un'altra eccellenza. Ma anche in questi casi i leader non rinunciano di avviare agli studi la propria prole all'estero non prima di avere postato un ammonimento su Facebook riguardo le allarmanti statistiche sui modelli statalisti, corporativi e protezionisti che, secondo Baverez dell'École nationale d'administration publique, porteranno presto a una inquietante proletarizzazione dei popoli. Scriveva il senatore Fabrizio Di Stefano: "Apprendo dalla fantasiosa penna dell'amico Sebastiano Calella di aver abbandonato il Pdl, così come apprendo della vocazione da "novello Catilina" del Presidente Chiodi. Mi sorprendono entrambe le affermazioni, poiché non ne ero a conoscenza...".

"Lucius Sergius Catilina, nobili genere natus, fuit magna vi et animi et corporis, sed ingenio malo pravoque. Lucio Catilina, nato da nobile famiglia, fu di grande forza sia d'animo sia di corpo, ma di indole malvagia e corrotta. Furono gradite a questo le guerre civili, le stragi, le rapine, la discordia civile fin dall'adolescenza e in esse impegnò la sua giovinezza. (...) bramoso dell'altrui, prodigo del suo, ardente nelle passioni. Ebbe abbastanza eloquenza poco accorgimento. L'animo insaziabile bramava sempre cose smisurate, incredibili, troppo alte. Dopo la dittatura di Lucio Silla, un desiderio grandissimo di impadronirsi dello stato lo aveva invaso; né aveva nessuna remora nel modo in cui lo conseguisse, purché si procurasse il potere. (...) Inoltre lo incitavano i costumi corrotti della popolazione, che mali pessimi e diversi fra loro, lussuria e avarizia, travagliavano."

La voce che si pone sempre di sbieco rispetto al mondo, al reale, a se stessi. Il primo giorno dopo una perdita, la nuova assenza resta sempre lì; dovremmo essere l'uno dell'altro attento, e gentili anche, finché ci resta un po' di tempo.

"Il ricordo di una giovinezza non è un tesoro perduto. Una possibilità mai esistita". (Philip Larkin)

__AgoraVox Italia__
__giovedì 23 maggio 2013__
https://www.agoravox.it/Risolta-ma-non-per-tutti-la.html

Risolta (ma non per tutti) la vertenza Abruzzo Engineering

Nelle settimane scorse, sotto i simbolici auspici del Primo Maggio, Festa dei Lavoratori, un numeroso gruppo di dipendenti della società a partecipazione pubblica Abruzzo Engineering ha simbolicamente e civilmente occupato la sede del Genio civile a Campo di Pile, all'Aquila, per poi fare giungere la voce della propria protesta anche negli uffici della Provincia.

La legittima rivendicazione è nata dal fatto che l'Ente con a capo il Presidente Antonio Del Corvo non riesce a smaltire le migliaia di pratiche accumulate relative alla ricostruzione nel cratere sismico, mentre i tecnici dell'azienda in house alla Regione Abruzzo e di cui una partecipazione pari al 10% delle azioni risale proprio alla stessa Amministrazione Provinciale dell'Aquila, sono in cassa integrazione da mesi: "La ricostruzione è bloccata a causa di progetti che attendono di essere evasi - dichiara Rita Innocenzi della Cgil -, e intanto decine di figure professionali che già si sono confrontate con questo problema e che hanno già operato in questo ambito sono senza lavoro".

La rivendicazione ha puntato subito il dito sull'intesa siglata dal direttore dell'Ufficio speciale e dal sindaco dell'Aquila, ma non dal presidente Del Corvo, che consentirebbe di utilizzare 98 lavoratori di Abruzzo Engineering, da maggio a dicembre 2013, pagando con una quota delle risorse stanziate nella delibera CIPE per la ricostruzione e che prevederebbe 68 unità lavorative assegnate al Comune dell'Aquila e le restanti 30 alla Provincia, per una rapida risoluzione delle problematiche legate allo smaltimento burocratico delle pratiche inerenti le fasi tormentate della ricostruzione.

L'organico a pieno regime della società consortile

Abruzzo Engineering può contare su 187 dipendenti, di cui 102 fino al dicembre scorso sono stati impegnati nella ricostruzione: 85 dipendenti presso gli uffici del Comune, 17 al Genio civile. Con la fine dell'emergenza, la commessa è terminata e si sono di nuovo spalancate le porte della cassa integrazione.

Grazie all'impegno del sindacato e alla lotta dei lavoratori, non si è fatta attendere la tanto invocata firma del presidente della Provincia dell'Aquila, Antonio Del Corvo, per siglare e sugellare finalmente l'intesa; una firma che assieme a quella del sindaco dell'Aquila, Massimo Cialente, e il direttore dell'Ufficio speciale per la ricostruzione, Paolo Aielli, ha concluso un accordo su una spesa massima di tre milioni di euro, che dovrebbe consentire di risolvere, almeno fino a tutto il 2013, una vertenza che ha tenuto con il fiato sospeso, in bilico tra la cassa integrazione e una occupazione seppure temporanea, 102 lavoratori su 187 in organico alla Abruzzo Engineering.

Nel documento sottoscritto dai vertici aziendali e le cariche politiche amministrative sono così ripartiti gli incarichi: 40 unità assegnate al Genio civile per far fronte alle oltre 1.500 pratiche della ricostruzione paralizzate negli uffici, che devono essere risolte per poter avviare i cantieri, e il resto del personale sarà invece utilizzato dal Comune dell'Aquila.

Si spera che le restanti unità lavorative della Abruzzo Engineering, 85 lavoratori permanenti nella CIG in deroga - uno strumento quest'ultimo assai controverso e di difficile gestione politica come raccontano le recentissime cronache sulle vicissitudini e scelte del Governo delle larghe intese - possano trovare una risoluzione attraverso il rispetto del criterio di rotazione della Cassa Integrazione Guadagni. Un criterio di valore indispensabile e di certa attuazione per non incorrere in una gestione disarticolata e ingiusta (se questa parola ha ancora un senso in Italia) del personale.

il PANE e le rose
(10 Giugno 2013)

https://www.pane-rose.it/files/index.php?c3:o39065

Non ho vissuto oltre le mie possibilità

La solita creazione di "tabù", indispensabili alle fasce sociali superiori per esercitare il controllo su quelle inferiori

Il problema non è che la maggior parte degli italiani

ha vissuto troppo bene. Il problema è che ci è stato artatamente impedito di vivere come la nostra economia in crescita ci avrebbe potuto consentire di campare.

(…) "Gli italiani fanno parte dell'8% di popolazione mondiale che sta meglio, eppure viviamo in un clima di inquietudine, perché le prospettive indicano che torneremo indietro (…), ha dichiarato tempo fa il presidente Gianni Chiodi. (…) Per anni abbiamo vissuto al di sopra delle nostre possibilità e, così facendo, abbiamo sottratto quote di futuro e di speranza ai giovani. (…) (Il Messaggero del 4 luglio 2012, Sara Rocchegiani) http://web-archive-it.com/it/a/abruzzo.it/2012-10-17_464953_73/UnionCamere_Abruzzo_Trail_Osservatorio_Regionale_Trasporti_Infrastrutture_e_Logistica_Sito_Ufficiale/

Non sarò di certo io a negare l'onore delle armi a un presidente in carica che nel pieno dei suoi poteri fa ammenda di presunti errori, di responsabilità probabilmente condivise, laddove egli stesso, nello stigmatizzare lo stile di vita di un recente passato, si esercita a coinvolgere, attraverso l'uso della forma plurale, altre forze politiche e sociali che hanno governato il Paese.

Non ho vissuto oltre le mie possibilità. La realtà è ben diversa. I mezzi della maggior parte degli italiani non hanno tenuto il passo con quelli che l'economia potrebbe e dovrebbe fornire. L'economia è due volte più grande di come lo era trent'anni fa e il salario medio dei lavoratori è rimasto lo stesso, al netto dell'inflazione.

L'idea che non possiamo permetterci di investire nella formazione dei nostri giovani o ricostruire le nostre infrastrutture fatiscenti, piuttosto che continuare a fornire politiche sociali e una sanità degna di questo nome è semplicemente assurda.

Se il salario medio avesse tenuto il passo con l'economia nel suo complesso, le entrate fiscali sarebbero più che sufficienti per coprire tutte le nostre esigenze. Se i ricchi avessero continuato a pagare la stessa aliquota nel tempo, le entrate fiscali sarebbero molto di più, al netto dei vari "Mister 10%", che hanno infestato le comunità produttive con il loro reiterato ed ereditario "saccheggio istituzionalizzato".

Capito? Il problema non è che la maggior parte degli italiani ha vissuto troppo bene. Il problema è che ci è stato artatamente impedito di vivere come la nostra economia in crescita ci avrebbe potuto consentire di campare.

Accrescere la disuguaglianza, questa è "la colpa". Se

il presidente Gianni Chiodi è alla ricerca di un "tema centrale" per il suo secondo mandato, questo potrebbe essere uno spunto.

Purtroppo, le perorazioni protettive e propulsive come divulgatore delle azioni del senatore Berlusconi rendono sterili le parole "digitate" e non comunicate durante le interviste di propaganda rilasciate all'indomani del famoso "miliardo all'anno del signor Bonaventura" per la "ricostruzione dell'Aquila". Quando ci si rivolge all'elettorato come se si parlasse a un bambino si cerca sempre di usare un tono infantile per sperare in una replica sprovvista di senso critico.

Coinvolgere nelle proprie riflessioni pre-elettorali individui che per induzione semantica si autodeterminano inconsciamente come unica causa dei propri insuccessi, servirà a reprimere la ribellione contro un sistema economico, che ha ridotto ai margini una intera società. La solita creazione di "tabù", indispensabili alle fasce sociali superiori per esercitare il controllo su quelle inferiori.

Ringrazio per lo spazio concessomi, visto che per un possibile malfunzionamento del mio account di Facebook non riesco a più a postare le mie riflessioni sulla pagina ufficiale aperta a tutti i cittadini del presidente della Regione Abruzzo, mentre lui può liberamente redarguirmi, bonariamente, sulle mie attività di critica, come dimostra la foto che ho allegato alla lettera.

AgoraVox Italia

venerdì 21 giugno 2013

https://www.agoravox.it/Rinnovo-della-giunta-regionale.html

Rinnovo della giunta regionale abruzzese: il paradosso dei due gelatai

La campagna per il rinnovo della Giunta Regionale scalda i motori. Sta rullando sulla pista di decollo dei vari social network. Un tweet ammiccante, un post promozionale su Facebook.

Inventare storie, raccontare ciò che non è mai accaduto. Cosa succede nella mente di chi ha contribuito ai mutamenti culturali attraverso le proprie straordinarie intuizioni? A che cosa si ridurrebbe l'essere umano se non prestasse attenzione all'irragionevolezza delle voci di dentro? Basterebbe ripensare alle visioni mentali di Michelangelo che ha trovato la sua "Pietà" in un blocco di pietra piuttosto che alla manipolazione intellettiva avvenuta fra le granitiche montagne abruzzesi dove si è voluta riscrivere la comunicazione del monitoraggio, la manutenzione e la gestione del camoscio in Rovere di Rocca di Mezzo e Fontecchi, in conformità all'universo di consulenti e collaboratori gravitanti intorno agli enti pubblici italici per un costo totale sulla collettività pari a 1,3 miliardi di euro?

Si sa che i politici sono grandi conoscitori del "paradosso del mentitore". Epimenide di Creta, sentenziò: "Tutti i cretesi sono bugiardi" e duecento anni dopo, prendendosela con molta calma, Eubulide di Mileto, visto che non aveva niente di meglio di che pensare, riformulò l'affermazione, però senza generalizzare e sparare nel mucchio come aveva fatto quel pettegolo di Epimenide, aggiustando il tiro in questo modo: "Io sto mentendo". Cioè, quello che sto dicendo adesso è una menzogna.

Due punti di vista distanti secoli tra loro eppure distinguibili perfettamente in epoca moderna se li si volesse uno dei due affibbiarli agli opportunisti di mestiere. Molti tifano per il tizio di Mileto. I sadici, prediligono il paradosso dei "due gelatai". Liberamente tratto dal "modello di Hotelling", si disserta di venditori di gelato che dopo essersi divisa una fetta di mercato di comune accordo, credendosi l'uno più furbo dell'altro, se la sottraggono poi a vicenda, inficiando gli introiti di entrambi. Praticamente, è ciò che accade puntualmente nelle votazioni, tra le coalizioni di partiti, in un sistema elettorale bipolare.

La campagna per il rinnovo della Giunta Regionale scalda i motori. Sta rullando sulla pista di decollo dei vari social network. Un tweet ammiccante, un post promozionale su Facebook. In volo, alla conquista della rete. Quale potrebbe essere il cavallo di battaglia per i candidati? Un problema assai sensibile all'elettorato: la sanità pubblica. Il presidente Chiodi si è speso molto per dissuadere i suoi detrattori politici che insistono sui presunti tagli nella sanità abruzzese, ribadendo che non c'è stato nessun taglio monetario ma una diversa allocazione della spesa. Sono stati ridotti privilegi e rendite, non di certo i servizi. E anche per il ministero, i livelli essenziali di assistenza sono migliorati. "Ancora una volta la Regione Abruzzo ha dimostrato di essere virtuosa e di aver compiuto scelte politiche responsabili e lungimiranti in un comparto delicato come quello sanitario. Una buona organizzazione, un'attenta valutazione degli obiettivi, una governance efficiente e un utilizzo ottimale delle risorse hanno determinato una straordinaria operazione di risanamento nel comparto sanitario e il raggiungimento di conti in ordine per tre anni consecutivi", queste sono le parole della senatrice Federica Chiavaroli (PDL) al Sanit-Forum.

L'eco del Ministro della Salute, Beatrice Lorenzin, già deputata rieletta nel 2013 nelle le fila del PDL, non si è fatta attendere. Un rimbalzo sonoro dall'efficacia assordante. Il ministro ha parlato di una "operazione di risanamento straordinaria" portata avanti dal presidente Chiodi. "I numeri parlano da soli. Ora dobbiamo continuare a supportare l'Abruzzo nell'organizzazione dei Lea, i livelli essenziali di assistenza".

"La Repubblica tutela la salute come fondamentale diritto dell'individuo e interesse della collettività" (Art. 32 della Costituzione). Santo e benedetto, verrebbe da dire. Ma una volta appurato lo slogan in voga alla ministra Lorenzin, "l'universalità mitigata", le parole della Costituzione rischiano di confondersi nella polvere portata dal vento. "È finito il tempo del 'tutto a tutti' in sanità". Secondo quanto si apprende dai giornali, per la Lorenzin siamo passati da un'universalità forte e incondizionata a un'universalità mitigata per garantire le prestazioni necessarie e appropriate solo a chi ne abbia effettivamente bisogno.

"Povere a chije 'rmane, ché chije 'sse more, mo come mo, a sa salvate lu cule!"

(Povero a chi rimane, ché chi muore, di questi tempi, s'è salvato il culo!)

AgoraVox Italia
giovedì 11 luglio 2013
https://www.agoravox.it/I-diritti-platonici-di-Chiodi.html

I diritti platonici di Chiodi

"I diritti sociali, che sono cosa diversa dai diritti politici e civili, sono costosi e proprio per questo non sono sempre esigibili. In altre parole o fai di tutto per facilitare la produzione della ricchezza, oppure non puoi esigere i diritti sociali. Nel passato li abbiamo scaricati sul debito (pardon sui nostri figli e nipoti) ora non è più possibile e neppure giusto dal punto di vista sociale e generazionale. Non resta che una strada". Così recitava un post pubblicato sulla pagina Facebook di Gianni Chiodi.

"A presente e futura memoria". Così era titolato nel 2008 un video pubblicato online dal "CorriereTv News". Nella solita sopravvivenza della campagna elettorale per il rinnovo della Giunta Regionale abruzzese, "brutalmente" interrotta dall'arresto del Presidente in carica, Ottaviano Del Turco, ci si interrogava in modo chiaro e manifesto, nell'anteprima grafica di un filmato che ha fatto discutere, se lo stesso candidato del PDL di allora, e oggi Governatore uscente della Regione Abruzzo, Gianni Chiodi, se in esso albergasse la vergogna per la propria iniziativa elettorale.

La replica dell'aspirante Presidente (dal Corriere) fu pressoché ai limiti del censorio vaticinatore: "Il messaggio del video rischiava di essere strumentalizzato rispetto alle reali intenzioni del progetto, per questo ho deciso di non farlo trasmettere".

Ai giorni nostri, il "libera tutti" potrebbe passare sul filo delle esternazioni bizzarre e confuse rese inopportunamente ancora una volta, non su YouTube, ma sulla pagina ufficiale di Facebook. Un post domenicale pomeridiano, ai limiti di una indigestione estiva, inspiegabilmente non rintracciabile mentre si scrive, se non in una stampa fatta "a presente e futura memoria:

"I diritti sociali, che sono cosa diversa dai diritti politici e civili, sono costosi e proprio per questo non sono sempre esigibili. In altre parole o fai di tutto per facilitare la produzione della ricchezza, oppure non puoi esigere i diritti sociali. Nel passato li abbiamo scaricati sul debito (pardon sui nostri figli e nipoti) ora non è più possibile e neppure giusto dal punto di vista sociale e generazionale. Non resta che una strada".

Ci sono limitazioni che generano dipendenza. E la dipendenza favorisce il controllo dei voti e delle risorse pubbliche. Sarebbe un atteggiamento sconsiderato demandare ai posteri la confutazione delle affermazioni diffuse da uomini del Governo e delle Regioni, ovvero che i diritti sociali non sono esigibili, anche se costituiscono il nucleo essenziale di diritti costituzionalmente garantiti.

Manifestare civilmente il proprio dissenso contro i tagli indiscriminati delle politiche sociali, per affrontare casi di persone alle quali non è assicurato più il diritto all'assistenza. Finanche in barba alla "Legge 8 novembre 2000, n. 328", legge quadro per la realizzazione del sistema integrato di interventi e servizi sociali, pubblicata nella Gazzetta Ufficiale n. 265 del 13 novembre 2000 - Supplemento ordinario n. 186, Art. 13 - punto 2; Carta dei servizi sociali.

Comunque sia, per non essere rieletti, non c'è bisogno di postare incertezze e improbabili congetture socio-economiche, la domenica sera, prima di "90° minuto". Basta non ricandidarsi!

AgoraVox Italia
venerdì 9 agosto 2013

https://www.agoravox.it/Questi-perniciosi-cassintegrati.html

Questi perniciosi cassintegrati

Renata Polverini il 7 agosto 2013 al Comitato dei Nove, avrebbe così definito gli italiani disoccupati: "Sfigati che aspettano i soldi".

Era l'otto novembre del duemilaundici, il mese dei morti, quando sulla home di AgoraVox apparve l'articolo "Io cassaintegrato vi spiego perché da 'morto' starò meglio".

Un appello accorato e disperato caduto non so dove, di certo fra le carte di Raiuno, che un anno fa mi contattò per chiedermi di partecipare con le mie lamentazioni da disperato alle Amiche del sabato. Purtroppo (?!), dovetti declinare all'invito, giacché avevo già registrato una testimonianza "non patetica" per le telecamere di Report.

Liberamente tratto da un articolo del 9 febbraio 2013, di Roberto Santoro, per la testata on line "L'Occidentale":

(...) in data 11 febbraio 2011, abbiamo ricevuto dall'Aquila Blog, che aveva ripubblicato questo articolo, una email della dott.ssa Simona Fasciani, che riportiamo di seguito come rettifica ai sensi della Legge 416/1981:

(..) Dichiara la dottoressa Fasciani: (…) La sua fonte percepisce da 3 anni la cassintegrazione, gravando sullo Stato, perché a differenza di noi altri non vuole tornare al lavoro ma preferisce stare a casa a scrivere sciocchezze e fare video, la invito a fare un giro su YouTube. Perché non si licenzia? La sua fonte, forse unico caso in Italia, ha perso la causa da lui intentata presso il giudice del lavoro dell'Aquila e la invito a leggere la motivazione della sentenza e a farsi un'idea della volontà di questo soggetto di non lavorare e zavorrare sullo Stato!!! Abbiamo fatto un corso presso l'Università di L'Aquila per svolgere al meglio le ns prestazione per il settore Ricostruzione ma la sua fonte e scappata e non ha svolto l'esame finale perché non ha capito che nel mondo del lavoro si devono migliorare le proprie capacità e conoscenze, e non si può svolgere lo stesso lavoro a vita!!! (…)

Peccato, per la dottoressa della Abruzzo Engineering, che la smentita alle sue teorie giunge proprio da una Ordinanza del Giudice del Lavoro del 6 ottobre 2011.

Ma il suono del diapason per riaccordarsi a queste vicende di "perniciosi cassintegrati" è stato contratto nell'aria da una nota intellettuale di destra e pure di sinistra: Renata Polverini il 7 agosto 2013, al Comitato dei Nove, avrebbe così definito gli italiani disoccupati: "Sfigati che aspettano i soldi". Lo ha raccontato il deputato 5 Stelle Salvatore Micillo. Non ci si crede. Anzi, ci si crede" (Andrea Scanzi).

Non essendo del tutto convinto da quanto "pontificato" dalla dottoressa della Abruzzo Engineering, vorrei osare di avventurarmi in una ipotesi calvarica: "Probabilmente, ciò che più abbia contribuito alla 'catastrofe familiare-economica con annessa esclusione sociale' di cui i cassintegrati si posso fregiare, penso siano stati gli articoli che pubblicati sulle 'anomalie' della azienda in liquidazione a causa di un deficit milionario e, soprattutto, una testimonianza sul progetto SISTRI, davanti le telecamere di Report, a volto scoperto (Report del 13 maggio 2012, Com'è andata a finire? Spazzatour 2)

il *PANE e le rose*
(9 Agosto 2013)

https://www.pane-rose.it/files/index.php?c3:o40002

"I perniciosi cassintegrati della Polverini"

Carne da macello

"Renata Polverini, ieri (7 agosto 2013, n.d.r.), al comitato dei nove, avrebbe così definito gli italiani disoccupati: "Sfigati che aspettano i soldi".

Era l'otto novembre del duemila undici, il mese dei morti, quando sulla home di AgoraVox apparve l'articolo "Io cassaintegrato vi spiego perché da 'morto' starò meglio" (http://www.agoravox.it/Io-cassaintegrato-vi-spiego-perche.html).

Un appello accorato e disperato caduto non si sa dove, di certo fra le carte di Raiuno, che un anno fa mi contattò per chiedermi di partecipare con le mie lamentazioni da disperato alle "Amiche del sabato". Purtroppo (?!), dovetti declinare all'invito, giacché avevo già registrato una testimonianza "non patetica" per le telecamere di "Report".

Liberamente tratto da un articolo del 9 febbraio

2013, di Roberto Santoro, per la testata on line "L'Occidentale":

(http://www.loccidentale.it/node/120555)

(...) in data 11 febbraio 2011, abbiamo ricevuto dall'Aquila Blog, che aveva ripubblicato questo articolo, una email della dott.ssa Simona Fasciani, che riportiamo di seguito come rettifica ai sensi della Legge 416/1981:

(..) Dichiara la dottoressa Fasciani: (...) La sua fonte percepisce da 3 anni la cassintegrazione, gravando sullo Stato, perché a differenza di noi altri non vuole tornare al lavoro ma preferisce stare a casa a scrivere sciocchezze e fare video, la invito a fare un giro su YouTube. Perché non si licenzia? La sua fonte, forse unico caso in Italia, ha perso la causa da lui intentata presso il giudice del lavoro dell'Aquila e la invito a leggere la motivazione della sentenza e a farsi un'idea della volontà di questo soggetto di non lavorare e zavorrare sullo Stato!!! Abbiamo fatto un corso presso l'Università di L'Aquila per svolgere al meglio le ns prestazione per il settore Ricostruzione ma la sua fonte e scappata e non ha svolto l'esame finale perché non ha capito che nel mondo del lavoro si devono migliorare le proprie capacità e conoscenze, e non si può svolgere lo stesso lavoro a vita!!! (…)

Peccato, per la dottoressa della Abruzzo Engineering, che la smentita alle sue teorie giunge proprio da una "Ordinanza del Giudice del Lavoro del 6 ottobre 2011 (http://www.scribd.com/doc/139754741/Ricorso-ex-articolo-700)

Ma il suono del diapason per riaccordarsi a queste vicende di "perniciosi cassintegrati" è stato contratto nell'aria da una nota intellettuale di destra e pure di sinistra: (…) "Renata Polverini, ieri (7 agosto 2013, n.d.r.), al comitato dei nove, avrebbe così definito gli italiani disoccupati: "Sfigati che aspettano i soldi". Lo ha raccontato il deputato 5 Stelle Salvatore Micillo. Non ci si crede. Anzi, ci si crede".

Non essendo del tutto convinto da quanto "pontificato" dalla dottoressa della Abruzzo Engineering, vorrei osare di avventurarmi in una ipotesi calvarica: "Probabilmente, ciò che più abbia contribuito alla "catastrofe familiare-economica con annessa esclusione sociale", di cui i cassintegrati si posso fregiare, penso siano stati gli articoli che pubblicati sulle "anomalie" della azienda in liquidazione a causa di un deficit milionario e, soprattutto, una testimonianza sul progetto

"SISTRI", davanti le telecamere di Report, a volto scoperto (Report del 13 maggio 2012, "Com'è andata a finire? Spazzatour 2".

(https://www.raiplay.it/iframe/video/2012/05/Come-andata-a-finire-Spazzatour-2-089da0ba-9dda-417b-9584-08a2282ef588.html)

(https://www.raiplay.it/video/2012/05/Come-andata-a-finire-Spazzatour-2-089da0ba-9dda-417b-9584-08a2282ef588.html)

Di seguito, gli articoli che illustrano le vicende della società in liquidazione volontaria, dal 2010, a causa di un deficit di 19 milioni di euro:

"Regione Abruzzo e i tagli: il meme della discordia" (12/11/2011)

http://www.agoravox.it/Il-meme-della-discordia-i-tagli.html

"Wikileaks Ante litteram" (24/11/2011)

http://www.agoravox.it/Wikileaks-Ante-litteram.html

"Se discrasia fa rima con disgrazia" (14/12/2011)

http://www.agoravox.it/Se-discrasia-fa-rima-con-disgrazia.html

"Laborare est orare": lavorare è pregare... in qualcuno che ci raccomandi" (07/04/2012)

http://www.agoravox.it/Laborare-est-orare-lavorare-e.html

"Eutanasia industriale per Abruzzo Engineering" (12/11/2012)

http://www.agoravox.it/Eutanasia-industriale-per-Abruzzo.html

"Abruzzo Engineering: bruciati 29 milioni per "rivoltare i cadaveri nelle tombe" (03/12/2012)

http://www.agoravox.it/Abruzzo-Engineering-bruciati-29.html

"Risolta (ma non per tutti) la vertenza Abruzzo Engineering" (23/05/2013)

http://www.agoravox.it/Risolta-ma-non-per-tutti-la.html

"Non pagheranno gli abruzzesi ma tutti gli italiani"
(20/06/2013)

http://www.agoravox.it/Non-pagheranno-gli-abruzzesi-ma.html

AgoraVox Italia

mercoledì 25 settembre 2013

https://www.agoravox.it/Abruzzo-l-inventiva-del-Sindaco.html

Abruzzo, l'inventiva del Sindaco Cialente

Più di quaranta mesi di cassa integrazione, quella della cassa guadagni in deroga. Un triste record per un dipendente di una società in liquidazione, partecipata dalla Regione Abruzzo, con delle quote, il 30%, detenute da una controllata della Finmeccanica, la Selex Se.Ma, nota alle cronache proprio in questi giorni per l'imminente avvio del Progetto Sistri sulla tracciabilità dei rifiuti speciali.

L'avventura del precariato investe una parte considerevole della popolazione, ormai ridotta all'osso, che ancora potrebbe, il condizionale è d'obbligo, aspirare alla conservazione, seppure parziale, del proprio posto di lavoro.

Il caso del lavoratore messo da parte, un caso evidente di ibernazione a scopo conservativo di forza lavoro, giunto alla ribalta del TGR Abruzzo, è la classica punta di un iceberg, che attende ignara l'ineluttabile impatto di un "carrozzone" alla deriva, pieno nella stiva di "clandestini", come dichiarato nel video da un quadro aziendale, durante uno sfogo estemporaneo in una assemblea sindacale.

Ma la cosa che potrebbe disorientare, e non poco, è l'invenzione dialettica di un sindaco, il capo della Protezione Civile del territorio amministrato, che indurrebbe a preoccupazioni per la disomogeneità strutturale dei fattori disequilibranti e non preventivabili che insistono in un assunto inconsueto per tutte le capacità di coordinazione:

"Ma no... lei dovrebbe dire, sindaco Cialente, lei che ha inventato la sopravvivenza Abruzzo Engineering, contro Chiodi (Gianni Chiodi, presidente della Regione Abruzzo, n.d.r.) e company, che dice del fatto che lavorano sempre le stesse persone? E io le rispondo... queste persone le deve chiedere a chi è il padrone di questa società, che è Chiodi, la Regione... non certo a me... perché io non ci posso entrare".

Alcuni lavoratori, un centinaio su 189 unità rimaste, della società Abruzzo Engineering, in liquidazione a causa di un deficit di 19 milioni di euro sono stati prestati a enti pubblici, come il Comune dell'Aquila, per essere impiegati nello smaltimento delle pratiche inerenti alle problematiche legate alla ricostruzione post-sisma.

La protesta pacifica, ma significativa nella sua solitudine pubblicamente manifestata, non troverebbe conforto nelle parole foneticamente distanti, come non si può fare a meno di notare nel filmato del sindaco Cialente.

I contribuenti accetteranno di buon grado di spendere denari pubblici per un "carrozzone politico" tenuto in piedi dalle "invenzioni" di un amministratore pubblico?

Date una sbirciatina a cosa succede una volta attraversato l'Atlantico:

(…) nel giro di un mese il Console ci ha concesso il visto da investitori, dopo averci chiesto una serie di garanzie economiche, perché presupposto imprescindibile per andare negli Usa è fornire la prova che non si peserà in nessun caso sulle tasche del contribuente americano.

Fanpage.it
28 SETTEMBRE 2013
https://autori.fanpage.it/basta-un-maliardo/

Basta un maliardo

Svergognarli con un amabile sorriso di Carlo D'Apporto. Una strizzatina d'occhi increduli, di sano sbigottimento in bianco e nero, a sottolineare imbarazzo e disappunto per quanto ci tocca sopportare.

Un'altra inchiesta sulla gestione di una delle tante società in house a capitale pubblico sparse sul territorio. Questa volta è l'azienda "Teramo Lavoro" a finire sulla scrivania del PM Stefano Giovagnoni, per l'ipotesi di reato di abuso di ufficio. Nella lente d'ingrandimento della procura, i fondi europei percepiti e le assunzioni. Anche quella di un manager della società, che ha assunto se stesso – di certo a causa di un refuso – sotto altro nome.

Puntuale la replica della Presidenza dell'Ente provinciale: "Sarà l'occasione per dirimere l'intreccio di interpretazioni divergenti, denunce di varia natura e palesi strumentalizzazioni politiche". Tutto sarà chiarito. Nella "serenità & tranquillità". La condizione ideale che da sempre contraddistingue il comportamento pubblico dei politici italiani. Comunque sia, la Procura ha chiesto il rinvio a giudizio per il presidente della giunta provinciale, per un manager e per l'ex direttore del personale della società. Si indaga sull'uso del fondo sociale europeo (Fse) da parte della "Teramo lavoro".

Non sarà impossibile dirimere intrecci, fare

convergere interpretazioni sulle palesi strumentalizzazioni di varia natura. Basterà fare un salto, un volo pindarico. Nell'accezione più fantasiosa della locuzione. Volare con la logica e rimanere liberi anche se non si è seguiti da nessuno. Passare da un argomento all'altro senza apparente nesso. Vertiginose divagazioni.

Ma cos'è "Teramo Lavoro"? Una faccia della solita medaglia. L'altra, quella della "Abruzzo Engineering". Un "carrozzone", – come lo ha voluto definire il Presidente della Regione Abruzzo, Gianni Chiodi – incapace di assolvere al proprio ruolo e che ha avuto sino a 265 dipendenti assunti perlopiù in maniera clientelare e senza un reale know how. Una società "forse" in house alla Regione, in liquidazione volontaria dal dicembre 2010 a causa di un presunto deficit di 19 mln di euro, nei confronti del proprio partner tecnologico: la Selex Se.Ma., una controllata della Finmeccanica, presente con il 30% delle azioni nella la S.C.p.A. Abruzzese.

Una medaglia senza lucentezza, per l'ordine degli ingegneri di Teramo, che ha manifestato la propria perplessità sull'operato, la natura e le assegnazioni di commesse alle società in questione. Senza mezzi termini a rimarcare quanto la costituzione di certe realtà lavorative abbiano l'unico scopo di mettere un velo sulle modalità di reperimento di manodopera intellettuale. L'assegnazione d'incarichi alle società in house da parte degli enti pubblici violerebbe le regole del libero mercato, creando una sorta di circolo vizioso. Interessante sarebbe individuare e legittimare le professionalità impegnate, i compiti e le responsabilità assegnati ai professionisti inseriti in queste aziende, le modalità di salvaguardia della qualità delle prestazioni e i criteri seguiti per il rispetto delle risorse umane e dei posti di lavoro nell'ente. E se le società in house possono ottenere incarichi e affidamenti senza rispettare le norme civilistiche e le regole del libero mercato, a svantaggio della libera professione, con la "Teramo Lavoro" non ci sono state eccezioni.

Un maliardo. Basterebbe un solo maliardo per sbugiardarli e smascherarli davanti a tutti. Svergognarli con un amabile sorriso di Carlo D'Apporto. Una strizzatina d'occhi increduli, di sano sbigottimento in bianco e nero, a sottolineare imbarazzo e disappunto per quanto ci tocca sopportare. Non hanno nient'altro da dichiarare che l'evanescenza di un'estraneità a qualsiasi fatto contestatogli. Di essere comunque "tranquilli & sereni", di avere piena fiducia nella magistratura. E che presto, anzi prestissimo, tutto si chiarirà e si dissolverà in una bolla di sapone. Sapone che, bizzarrie dei tempi e dei luoghi, qualche secolo fa serviva per la corda.

La cosa che offende è questo insultante declinare di verbi al futuro. Il futuro è una scommessa, che neanche il più sprovveduto degli allibratori darebbe a cuore leggero. Il presente, invece, è il modo indicativo che assolve o condanna: i politicanti, lo usano con diffidenza. Se sei certo della tua innocenza, tira fuori gli argomenti e vendi cara la pelle. Parla al presente, non stare lì a frignare, ogni giorno a rompere e ad affettare i coglioni, quelli di mulo, pregiatissimo salume abruzzese, con reprimende e conferenze stampa a preannunciare tuoni, fulmini e saette.

"Ogni volta che mi ritrovo sulla bocca una smorfia amara; ogni volta che nell'anima ho un novembre umido e stillante; quando mi sorprendo a sostare senza volerlo davanti ai magazzini di casse da morto o ad accodarmi a tutti i funerali che incontro... allora mi rendo conto che è tempo di mettermi in mare al più presto". (Ishmael, Moby Dick).

Una fuga, a volte disperata, che separa e allontana da ciò che l'animo non riesce più a sopportare. Atto di codardia o gesto disperato che sia, meglio metterci un oceano di mezzo. Strozza la scotta, cazza la randa, molla il pappafico. E sotto il trinchetto rimbomba l'urlo del cazzaro: sono "tranquillo & sereno!". Evitata la scuffia, lascate le vele, la barca si raddrizza portandosi con la prora al vento. Il fiocco fileggia, molla la scotta. Ci stiamo per buona sorte perdendo all'orizzonte. Con le mura in poppa a dritta e la randa a sinistra, molla la scotta di sottovento. Il timoniere continua a orzare, il prodiere libera il fiocco dallo strozzascotte.

L'equipaggio appeso al boma, un cannocchiale e una gamba nuda sulle cime, a stento riesce a distinguere la terra ferma. Trasborda di babordo e stramba a tribordo con la barra a dritta e manrovescio secco. Mentre il Pequod rompe l'onda a caccia di capodogli e balene, roso di dentro e arso di fuori dagli artigli fissi e inesorabili di un'idea incurabile, il capitano Achab taglia di prua e fila liscio di schiuma a cercare vendetta per i sette mari. Nessuno mai dimostrerà il suo coraggio.

Con un gran gesto filosofico, Catone si butta sulla spada.

…io zitto zitto m'imbarco.

Fanpage.it

30 SETTEMBRE 2013

https://autori.fanpage.it/un-politico-lo-sa/

Un politico lo sa. Se Forza Italia è nuova Lotta continua faccio altro.

L'annuncio di dimissioni dei parlamentari del PDL è stato accolto dal ministro Gaetano Quagliariello con un mix di locuzioni che il regista tedesco Wim Wenders avrebbe potuto montare e sceneggiare per quelle voci narranti degli angeli in bianco e nero, nel film "Il cielo sopra Berlino": è stato un "fallo di reazione".

Non è mancata neanche la lucidissima riflessione tratta dal "Braveheart" di Mel Gibson, dove Edoardo I Plantageneto, interpretato da Patrick McGoohan, sussurra al figlio, più o meno, con fabula diversa, la frase illuminante di Quagliariello:

…penso che una persona che fa politica deve avere l'inclinazione al compromesso.

La pacatezza del ministro è nota a molti ed è comunque indimenticabile l'aplomb mantenuto durante un suo vivace confronto dialettico. Nelle sue dichiarazioni rese al giornalista Stefano Folli, il politico "dissidente" ha usato un'iperbole vintage

per escludere la propria adesione a "Forza Italia":
«Se Forza Italia è nuova Lotta continua faccio altro»
E la curiosità incalza il pubblico domenicale: "Cosa farà il professore ordinario di Storia dei partiti politici alla LUISS, se FI inizia la Lotta Operaia?!"
"...ne prenderò atto e mi dedicherò, magari", a creare il "Napoli Club del Salario".
L'ex Ministro per le Riforme Costituzionali è stato candidato ed eletto in Abruzzo. La mite popolazione "forte e gentile", non avrebbe mai potuto immaginare scenari simili alle suggestioni dell'opera di Marco Tullio Giordana, "La meglio gioventù", sfociare poi nello humour dubbio di film di cassetta, come "L'allenatore nel pallone".
Quagliariello si è speso molto in passato per promuovere le personalità politiche di spicco di una regione che lo ha premiato nelle urne. Molto legato alla famiglia Tancredi (Stefano Buda, pag. 10), una dinastia politica che ha dato assai lustro alla Città di Teramo, dapprima con l'infaticabile operato dello scomparso on. Antonio Tancredi e, attualmente, con l'ex senatore Paolo Tancredi, oggi deputato alla Camera.
Non va dimenticata la perseveranza dell'allora vice presidente vicario del gruppo Pdl in Senato,

Gaetano Quagliariello, quando, parafrasando i richiami nobili e migliori nello storyboard realizzato per il "Luciano Sandulli", insegnante di liceo affidato a Silvio Orlando nel lungometraggio "Il portaborse" di Daniele Luchetti, nel novembre 2012, accorse a sostegno di Gianni Chiodi per una sua eventuale candidatura al Parlamento.

Il pregiudicato per frode fiscale, Silvio Berlusconi ha fatto le sue scelte e le ha rese alla popolazione in un tardo pomeriggio, nel sabato di autunno presto. Non basterebbe nemmeno la forza espressiva del grido "Vivan las cadenas", scritto da Luis Buñuel, per "Il fantasma della libertà", a spiegare la confusione che regna sovrana nel Paese.

A spiegare qualcosa ci prova una corrispondenza estera:

Il Cavaliere ha conseguido que los cinco ministros de su partido presentaran la dimisión en bloque como modo de protesta por el incremento del IVA. O al menos ese ha sido el motivo oficial esgrimido por el líder político. Pero en realidad, la maniobra de Berlusconi, es una ofensiva contra la votación que pretende expulsarle del Parlamento.

Fanpage.it
6 OTTOBRE 2013
https://autori.fanpage.it/crimi-e-misfatti-abruzzesi/

Crimi… e misfatti abruzzesi

Si è chiusa una stagione politica di 20 anni. Berlusconi voleva fare cadere il governo ma non ci è riuscito e Alfano è diventato un diversamente berlusconiano.

"Crimi… e misfatti". Il taglio letterale rozzo e sgradevole consumato nella causticità di un post irriverente e inconsueto, "Non rilasciare peti e controlla l'incontinenza", ha accidentalmente riesumato la locuzione di Anassimandro. Nello stupore di un malvezzo attribuibile settariamente, un deputato abruzzese, l'on. Paolo Tancredi, vicepresidente della Commissione Politiche Comunitarie della Camera, ha ritenuto di accostare il web a uno scannatoio durante le proprie esternazioni rese a un giornale on line, senza tralasciare di interrogarsi e stupirsi su quali sarebbero le libertà e le nuove forme di condivisione proposte dai social. Non trovando risposte confortanti, ha deciso di non aprire un profilo Facebook.

..εξ ὧν δέ η γένεσίς εστι τοῖς

οὖσι, καὶ τὴν φθορὰν εἰς ταῦτα γίνεσθαι κατὰ τὸ χρεών: διδόναι γὰρ αυτὰ δίκην καὶ τίσιν ἀλλήλοις τῆς ἀδικίας κατὰ τὴν τοῦ χρόνου τάξιν.

"Là donde le cose hanno la loro nascita, ivi devono anche andare in rovina, secondo la necessità; infatti esse devono scontare ammenda e venire giudicate per le loro ingiustizie, in conformità all'ordine del tempo".

E a proposito di questa personalità politica, sarebbe interessante un'approfondita esegesi delle sue considerazioni determinate con un'interpellanza alla Camera. L'on. Paolo Tancredi (PDL) ha chiesto chiarimenti al Ministero dell'istruzione, dell'università e della ricerca, assai impensierito dall'insorgere di presunti focolai di natura talebana negli ambienti vicini alle associazioni ambientaliste. Una vicenda che riguarderebbe la partecipazione di alunni di due scuole elementari alla realizzazione di un video su problematiche di impatto ambientale e, manco a dirlo, diffuso in rete.

Persuasivo. In una lotta "intestina" nello schieramento politico di centrodestra, l'onorevole abruzzese è intervenuto nelle settimane scorse su una polemica riguardante il manager della ASL di Teramo, Giustino Varrassi, preso di mira e centrato

da una raccolta popolare di firme, circa 6.000 –
numero superiore agli amici virtuali su Facebook di
Gianni Chiodi – per invitarlo alle dimissioni. Con la
spada brandita a difesa del direttore generale della
ASL, sulle pagine del quotidiano "il Centro", Paolo
Tancredi ha chiosato:
io non dico che va confermato o cacciato (Giustino
Varrassi, n.d.r.), ma in mano ho dei risultati positivi
della sua gestione, merito ovviamente non solo suo
ma anche della Regione e di tutto lo staff.
Peccato che a smentirlo in questi giorni è l'Agenzia
nazionale per i servizi sanitari nelle regioni. Secondo
quanto riportato nello studio, i giudizi sulla sanità
abruzzese non sarebbero soddisfacenti. La politica
di risanamento messa in atto dal Commissario,
presidente della Regione Abruzzo, Gianni Chiodi
non ha migliorato i livelli di qualità assistenziale,
relegando la Regione Abruzzo in fondo alla
classifica "Agenas". Se dunque la politica è l'arte del
compromesso, l'equilibrio verbale è la materia
principale d'insegnamento nelle scuole di
recitazione. I diversamente Berlusconiani hanno
dato prova indubitabile di questa tecnica di
persuasione:
Con Silvio a oltranza, ma resto nel partito con

Alfano. Nessun passo indietro, invece, nel ritenere che vi sia stata e sia tuttora in atto una persecuzione giudiziaria nei confronti del nostro Presidente Berlusconi.

Le criticità rilevate negli apoftegmi di Tancredi non sarebbero sfuggite agli occhi attenti del Presidente della Regione, Gianni Chiodi, instancabile frequentatore di Facebook e Twitter.

Tale attenzione presidenziale ha probabilmente suggerito un ritorno al passato, una via da percorrere con lo sguardo fisso sul retrovisore: spendere 120 mila euro per una pubblicazione cartacea da distribuire nelle edicole. Vivacizzare e incrementare la diffusione delle notizie istituzionali nell'opinione pubblica. E queste sarebbero le priorità del presidente Chiodi?

Music Time, direbbe lui.

Fanpage.it
13 OTTOBRE 2013
https://autori.fanpage.it/music-time-per-abruzzo-engineering/

Music Time per Abruzzo Engineering

Le iperboli del presidente Chiodi potrebbero ridimensionarsi in semplici strali lessicali dovuti alla foga dell'oratoria e della retorica politica.

Non è come spostare un pedone perché non si ha

la più squallida idea di come posizionare l'alfiere, piuttosto che imbastire tattiche improbabili, con un cavallo e la regina stretta in un angolo. Le iperboli del presidente della Regione Abruzzo, Gianni Chiodi, a tempo indebito, non hanno risparmiato il film documento di Sabina Guzzanti.

"Una ricostruzione fantasiosa quella di Draquila, orientata, piena di suggestioni negative e false. Mi viene il voltastomaco."

Con il passare del tempo, la nausea del presidente potrebbe avere favorito quelle esternazioni così diffuse sul profilo personale di Facebook di Chiodi per denunciare episodi gravissimi che avrebbero fatto sprofondare nel baratro una società partecipata dal pubblico e finita in liquidazione.

Si è discusso di una struttura dirigenziale manageriale da fare rivoltare i cadaveri nelle tombe, attribuendo, come appunto nel caso di Abruzzo Engineering, ai sindacati e ai media di avere metamorfosato privilegi in diritti, mentre erano indubbiamente privilegi, forse positivi per i loro iscritti, ma di certo non utili per i disoccupati.

"La Abruzzo Engineering nasce da un sistema discutibile, da questioni eticamente censurabili, che hanno interessato la politica del passato, avendo avuto finanche sino a 265 dipendenti, assunti perlopiù in maniera clientelare e senza un reale know how. Una delle vicende più torbide nella storia della Regione Abruzzo, un carrozzone clientelare. Un'azienda in liquidazione per un presunto deficit di 19 milioni di euro, costruita in sfregio ai finanziamenti pubblici, di tutti i cittadini contribuenti."

Cose già sentite e rintracciabili in rete. Anche se, di recente, in un trafiletto del 9 ottobre 2013 pubblicato dal quotidiano "Il Messaggero", si apprende di un presunto mancato, o forse solamente ritardato, versamento delle ritenute IRPEF, per una somma di oltre 595 mila euro, relative al periodo di imposta 1° gennaio 2005 – 31 dicembre 2005.

La cronaca racconta della testimonianza dell'ex Direttore Generale della Abruzzo Engineering, Vittorio Ricciardi – la cui posizione è stata archiviata nell'ambito di una inchiesta penale -, il quale ha chiarito che il pagamento è stato saldato nel 2007 e che, effettivamente, nel periodo preso in esame dall'Agenzia delle Entrate…

c'era in effetti una mancanza di fondi in cassa, essendo stato obbligato dalla Provincia dell'Aquila ad assumere 20 dipendenti della ex società Irti lavori, fallita.

La Abruzzo Engineering fu costituita il 13 Ottobre 2006, dall'esperienza di Collabora Engineering, società a capitale misto della Provincia dell'Aquila operante dal 2002, con un protocollo di intesa siglato dal Presidente della Regione Abruzzo, Ottaviano Del Turco (60% del pacchetto azionario), dal Presidente di Finmeccanica, Pierfrancesco Guarguaglini (30%), dal Presidente della Provincia dell'Aquila, Stefania Pezzopane (10%).

Le iperboli del presidente Chiodi, dopo la lettura di quanto riportato dal quotidiano "Il Messaggero", potrebbero ridimensionarsi in semplici strali lessicali dovuti alla foga dell'oratoria e della retorica politica. I problemi economici della società in liquidazione per un deficit di 19 milioni di euro, non sono imputabili solamente a un "management cimiteriale". Le responsabilità ricadrebbero anche su di una governance politica, forse troppo disinvolta.

Chissà se il presidente Chiodi, infaticabile paladino della meritocrazia, ha qualcosa da aggiungere, oppure preferisce affidarsi prudentemente al suo notturno e celebre…

Music Time?

Fanpage.it

14 OTTOBRE 2013

https://autori.fanpage.it/il-gattopardo-con-gli-stivali/

Il Gattopardo con gli stivali

Sull'acqua pubblica, quella che beviamo, Chiodi – con il suo post su Facebook – ha cominciato a sciogliere nei nostri bicchieri la pastiglia amara che ci ha riservato su "prescrizione" di chissà quali avveduti "farmacisti"

A quei tempi e ancora oggi, il processo illuministico allarmava e allarma facendo temere alle fasce economicamente più consolidate l'imminenza di un riassetto socioculturale. L'angoscia della perdita del potere. Tancredi, nel Gattopardo, ha una frase preveggente:

Bisogna che tutto cambi perché tutto resti come prima

Conservare il potere nelle mani di chi lo ha sempre avuto, nonostante il cambiamento. E di questo controverso personaggio così ha scritto Tomasi di Lampedusa:

"…egli militava nella profittevolissima sfumatura di "estrema sinistra della estrema destra", trampolino magnifico che doveva poi permettergli acrobazie ammirevoli e ammirate".

Illàpisse infilato fra l'orecchio e l'asticella degli occhiali, la punta bagnata dalla lingua e giù a strisciare piste di polvere di carbonio. Un'ematite di pensieri scritti, che sono mutati, nel trascorrere di mezzo secolo, in una miriade di unità di definizione di uno stato logico. Tanti bit digitati in una rete diventata strumento indispensabile per chi ha un sacco di domande da fare, una terapia efficace per tutti quelli che hanno tante risposte da dare.

Dopo la recente approvazione delle virtuose norme sulla transitorietà della vita terrena in Abruzzo, il malcostume dei politicanti gattopardeschi della mutua tiene sospesi in uno spazio mentale ambiguo, nel quale chi non è soggetto alla sua subordinazione non sempre capisce. I potenti accostano il popolo formicaio all'inquietante quanto prevedibile orco ingannato e sconfitto dal Gatto con gli stivali. E, come accade sempre nelle narrazioni popolari, di nascondere il raccapriccio con l'uso dell'ironia, la sconfitta del drago è assicurata con un lieto fine inatteso dalle caste effimere e irresponsabili della propria vulnerabilità intellettuale.

Fatti i conti, tutto costa di più. Piove, la colpa è del

Governo. Paravento d'ogni santi. Il ticket è aumentato di 10 euro. La fila di un anno la fai per una TAC, ché già ti senti meglio se quelli di là dal vetro con il camice bianco si aspettano che campi ancora dodici mesi.

Economia, Orazio, economia! Gli arrosti del banchetto funerario sono serviti a guarnire, ancora caldi, la tavolata di quello nuziale. Ah, Orazio, ti giuro che piuttosto che vivere un tale giorno, avrei voluto confrontarmi in cielo con il più intimo dei miei nemici!

"Noi fummo i Gattopardi, i Leoni; quelli che ci sostituiranno saranno gli sciacalletti, le iene; e tutti quanti Gattopardi, sciacalli e pecore continueremo a crederci il sale della terra"

Questo il post del presidente della Regione Abruzzo apparso pochi minuti fa sul proprio profilo Facebook:

Se c'è mercato, cioè se c'è libertà di scegliere, i venditori non hanno il potere di costringere i consumatori ad acquistare i loro prodotti. Se il mercato non lo si rende aperto alla concorrenza ma lo si protegge o lo si rende monopolistico o oligopolistico allora sono guai per il consumatore. Vale per l'energia, i treni, gli aerei, i servizi pubblici come i trasporti locali, la gestione del ciclo dei rifiuti e del ciclo idrico ecc.

Per i rifiuti, le politiche di Chiodi si intuiscono facilmente:

"Inceneritore o raccolta porta a porta? Il modello che noi vogliamo raggiungere è quello svedese, non quello bulgaro – ha dichiarato il presidente della Regione Abruzzo – il modello scandinavo, che prevede che il 50% dei rifiuti venga preso attraverso una forma di riciclo e riutilizzo in varie forme e una valorizzazione energetica per la parte eccedente".

Sull'acqua pubblica, quella che beviamo, Chiodi – con il suo post su Facebook – ha cominciato a sciogliere nei nostri bicchieri la pastiglia amara che ci ha riservato su "prescrizione" di chissà quali avveduti "farmacisti".

"C'è in alcune comunità un attivismo, una voglia di fare, che sono insiti. La differenza, storicamente, in Italia, non la fa la quantità di denaro destinato agli aiuti ma la capacità di progettualità di ogni singolo territorio" (il Fatto Quotidiano, 16 ottobre 2012).

E noi qui invece è che siamo nati... in Abruzzo!

AgoraVox Italia
sabato 2 novembre 2013
https://www.agoravox.it/In-Abruzzo-si-denuncia-il.html

In Abruzzo si denuncia il clientelismo, ma nessuno dice niente

La cronaca ha registrato una importante testimonianza (sul presunto clientelismo politico) di un ex Direttore Generale di una società a partecipazione pubblica, la Abruzzo Engineering. Il dg, Vittorio Ricciardi, sentito dai magistrati in merito a un mancato versamento Irpef relativo all'anno 2005, ha "chiarito" che effettivamente, nel periodo preso in esame dall'Agenzia delle Entrate, c'era una mancanza di fondi in cassa, essendo stato obbligato dalla Provincia dell'Aquila ad assumere 20 dipendenti della ex società Irti lavori, fallita.

Tutti quegli anni di studi buttati al vento. Tutto quell'applicarsi, quell'essere diligenti, via come niente. Da giovani si gioca spesso a fare il libero pensatore e al bar ci si vanta pure di non credere nell'esistenza di Dio e cose del genere. Più delle volte si tratta di acqua che passa. Quel santo in paradiso, che intercede solo tramite le voci piagnucolose echeggianti nelle sagrestie di partito, se lo si invoca come si deve, fa calare presto la sua mano a protezione dei miserandi. E miserandi poi si rimane, seppure alla catena, ma con i soldi per far campare la famiglia.

Grazie alle strategie politiche messe in atto, l'Abruzzo di oggi, moderno e all'avanguardia, è sfiorato solo marginalmente da quella che in quasi tutto il Paese è rimasta pratica spregevole e consolidata. Un sistema clientelare inossidabile che si accanisce sulle "non scelte" dei giovani.

La dritta, che non vuole essere impartita per diritti acquisiti sul campo, piuttosto da spendere per baratto, vista la scarsità di esperienze vissute, potrebbe essere quella di ricaricarla sul groppone del politico, la zavorra esistenziale della raccomandazione ricevuta per un impiego.

Il santo in paradiso, lo si può tranquillamente restringere in un sofistico ambiente inconsueto per una mente abituata all'inciucio cerebrale finanche con se stessa, rinfacciandogli a brutto muso le proprie azioni: "Che vuoi? Hai fatto male a raccomandarmi!" e via e andare poi con i nomi e cognomi di tutti quelli che si sono adoperati assieme a lui nel mercimonio riprovevole, illegale delle coscienze. E "non convincete altri, rifatevi in cabina elettorale" (Beppe Grillo).

Il presidente della Regione è stato chiaro: "Io amo l'Abruzzo"

AgoraVox Italia

lunedì 11 novembre 2013

https://www.agoravox.it/Lettera-di-denuncia-di-un.html

Lettera di denuncia di un cassintegrato

Mi chiamo Copin Panolli e mi rivolgo direttamente da questa pagina virtuale alla Magistratura, pregandola di leggere la mia testimonianza.

Sono un dipendente di "Abruzzo Engineering", società dal dicembre 2010 in "liquidazione volontaria" a causa di un presunto "deficit di 19 milioni di euro".

Nell'estate 2010, durante il mio stato di precariato e cassintegrato, sono stato invitato a frequentare un corso universitario facoltativo (sono solo diplomato) di riqualificazione professionale, "con rilevanti spese a carico dell'azienda", in maniera del tutto volontaria (appunto perché non ci hanno richiamati dalla cassa integrazione) con la prospettiva di essere impiegati in mansioni inerenti alla ricostruzione post-sisma, negli uffici tecnici del Comune dell'Aquila. Chi non avesse aderito a tale iniziativa sarebbe rimasto in CIG.

Per senso del dovere e speranza, che è l'ultima a

morire, ho partecipato al corso di riqualificazione, "con rilevanti spese a carico dell'azienda", senza ultimarlo e senza essermi sottoposto agli esami finali di valutazione, essendomi subito reso conto - io che sono solo diplomato geometra - di non possedere gli strumenti didattici per apprendere nozioni inerenti materie universitarie a 36 anni dall'ultimo mio giorno di scuola.

Posto che in passato, per 10 anni, mi sono esclusivamente occupato di inserimento dati, operazioni al terminale e che non vedo più una planimetria dai tempi della scuola (ho 56 anni), dopo la fine del corso propedeutico e indispensabile, "con rilevanti spese a carico dell'azienda", sono stato comunque richiamato in servizio, per svolgere addirittura mansioni inerenti la "Contabilità sui cantieri per la ricostruzione dell'Aquila".

All'indomani della mia presa di coscienza, della dichiarazione spontanea al mio diretto superiore di non essere in grado di svolgere l'incarico di "sportelleria", dinanzi a una utenza di professionisti impiegati nei vari cantieri per la ricostruzione, sono stato rimesso in cassa integrazione. E lo sono tutt'ora da 36 mesi consecutivi.

Assodato che la mia cassa integrazione è legittima per l'azienda, la domanda che vorrei porre pubblicamente ai contribuenti è la seguente:

Perché una società in house alla Regione Abruzzo, già in liquidazione a causa di un deficit di 19 milioni di euro, allestisce un corso di riqualificazione professionale, "con rilevanti spese a carico dell'azienda" e poi richiama in servizio chi, come me, non ha ultimato il corso, non ha sostenuto l'esame di valutazione finale?

Era proprio indispensabile uno stage universitario "con rilevanti spese a carico dell'azienda", come riportato nell'ordinanza del giudice del lavoro se poi hanno impiegato un dipendente "non competente" in una posizione così strategica, ma molto istruito in informatica, come attesta la ECDL - European Computer Driving Licence, di cui sono in possesso? Cos'è che dobbiamo, noi cittadini contribuenti, percepire come "irrilevante": un corso di riqualificazione "con rilevanti spese a carico dell'azienda" di danaro pubblico o la stessa "ricostruzione"?

Il parlamentare europeo, Soren Søndergaard, ci ha dato finalmente una risposta.

Fanpage.it
27 NOVEMBRE 2013
https://autori.fanpage.it/il-modello-abruzzo-e-la-cultura-dell-asino-attaccato/

Il modello Abruzzo e la cultura dell'asino attaccato

La tecnica è di fingere ignoranza e di dare credito a ciò che si ascolta da parte di chi ha una posizione non condivisa. Perseverare con pazienza e intelligenza nel dissimulare disinteresse, fino a quando non la si spara grossa.

"Quando Berlusconi, finalmente, cadrà, allora gli italiani, a quel punto, si renderanno conto che ha distrutto la nazione trascinandola nella vergogna, nello scempio, dentro una palude immonda dalla quale sarà quasi impossibile riuscire a tirarsi fuori, come accade sempre con noi italiani, se ne accorgeranno quando ormai sarà troppo tardi" (Indro Montanelli).

Ci sono idee sbagliate sulla satira, che sono frutto dei nostri tempi. Da qualche parte si è scritto che con l'Olocausto e l'11 settembre sarebbe dovuta finire la lettura sarcastica delle apocalissi. L'interpretazione ironica dell'ottenebramento rimuovendo le inibizioni parodistiche del passato, dei cantori dell'assurdo. Forse sì, forse no. Chissà.

Di certo, per qualcuno, questa è stata una fine calcolata come unica cosa buona uscita fuori dagli orrori dei nostri ultimi cent'anni.

E così, non si dovrebbe insistere nell'esagerare con la "cattiveria", in strategie e strumenti linguistici, architettati dalla nostra mente, per distrarre quella altrui. La tecnica è di fingere ignoranza e di dare credito a ciò che si ascolta da parte di chi ha una posizione non condivisa. Perseverare con pazienza e intelligenza nel dissimulare disinteresse, fino a quando non la si spara grossa. Ed è proprio in quel preciso movimento mentale che si riassumono ogni spunto, i più ridicoli, infilandosi in una prospettiva di assoluta ignoranza immeritata.

Un esempio dell'esercizio intellettivo nella gestione delle ipocrisie sociali. L'azione "piena di rabbia", mai interpretata come "satira". La rabbia, l'esuberanza di giovani che non hanno alternative. Nulla di insostenibile, se non la leggerezza dell'essere. La consapevolezza di una falsa supremazia culturale da parte di chi si arrabatta inutilmente a mettere insieme le tessere di un puzzle da sfasciarsi puntualmente, per ricomporlo ancora maldestramente.

Dopo l'arresto dell'assessore regionale alla Cultura,

Luigi De Fanis, al quale sono stati contestati reati come la concussione, truffa aggravata e peculato, resta oggi più che mai in forse la calendarizzazione invernale degli eventi in terra d'Abruzzo.

Il modello Abruzzo: "De Fanis: con Chiodi fondi fuori legge".

Verosimilmente, saremo costretti a campare di ricordi. Delle esibizioni degli "Attacca l'asino dove vuole il padrone" piuttosto che canticchiare mnemonicamente le immarcescibili liriche della "Rosina, dammela…", magistralmente interpretata da "Vittorio il Fenomeno and The Guest Star Stellina".

Nulla è perduto. D'altronde, come fecero gli antichi a districarsi tra Parmenide e la sua tesi "Tutto è, nulla diviene" e di Eraclito l'antitesi "Tutto diviene, nulla è", per cercare la sintesi che solo nella relatività di Platone poteva essere trovata?

D'altro canto, per gli indagati moderni, da non confonderli con gli "indagatori sapienti dei fenomeni del pensiero", c'è sempre bell'e pronto il solito chiarimento dinanzi ai giudici, con addebito a soggetti mossi da finalità immorali, che avrebbero allestito una perdurante e pressante campagna denigratoria portata avanti con violenza da alcuni mass media atti a strumentalizzare vicende giudiziarie da parte di una magistratura politicizzata e deviata.

Movimenti mentali e niente altro. L'agitarsi di indizi cerebrali nel ventre di leader in fuga dalla cuccagna che li ha sorretti nella loro "paraculata" partitica. Un po' di qua con il Berlusca e un po' di là con l'Angelino, che già il nome avvicina a Dio. Così si sta dividendo la politica nelle province italiane dell'accattonaggio delle preferenze.

Intanto, "Berlusconi è fuori dal Parlamento".

Fanpage.it
15 DICEMBRE 2013
https://autori.fanpage.it/humus-persecutionis/
Humus persecutionis

Ridicolizzato a perditempo sfaccendato perché cassintegrato mi rifeci di dosi di dignità sulla società civile, che si estendeva a non più di un palmo dal mio naso – sebbene questo non sia corto per le bugie – riprendendo dalla cronaca e ripetendo, con metodica e tempistica da orologiaio, i fatti e le vicissitudini della società a partecipazione pubblica di cui ero un dipendente legittimato da una provenienza istituzionale, da una graduatoria pubblica stilata nel lontano 1998, in uno sperduto ufficio di collocamento di provincia.

Diciamo che mi chiamo Mattia Pascal. Anche a me qualche anno fa, non importa quando esattamente, il tempo volle iniziarmi all'anonimato mentre affogavo in uno ipocondrio che solo un robusto principio morale poté impedirmi di uscire deciso per strada e mettermi a gettare in terra il cappello alla gente. Non c'è conflitto che non ci renda uguale all'avversario. Prima ancora che alla legge, è a me stesso che addossai l'affronto di un errore meditato. Certo che ho pagato per quella mia colpa! Senza difesa alcuna, dinanzi al tribunale degli uomini, in quanto anch'io m'illusi d'esserlo, un uomo. Assai vulnerabile sì, ma di certo non tra quelli della cui esistenza ha narrato Leonardo Sciascia, per bocca del padrino don Mariano Arena, al capitano Bellodi. Non un "quaquaraquà". Giammai "uomo d'onore". Un uomo quanto basta, che ha paura e tanto coraggio appunto perché di paura ha buona scorta in questo paese all'incontrario. Semmai ancora di questi, di uomini come questi, ce ne fossero in giro, le parole forse non sarebbero stese al vento, se non prima d'essere state ascoltate con interesse, affrontate con intelligenza.

Non c'è conflitto che non ci renda uguale

all'avversario. Nell'anonimato vi entrai per caso, per destino, con un nome ragionato. Il mio prezioso spazio mentale, affollato dapprima, lo ritrovai sgombro di tutte quelle analisi, astuzie e spiccioli di fantasie sempre credute parte dell'immaginazione. Nell'invisibilità piombata a fagiolo potetti muovermi liberamente. Appunto, con la mente libera. Svuotata. Liberatasi anche del buon senso. Avevo creduto che una lotta generata nelle viscere piuttosto che dalla testa potesse essere meno faticosa e poco pericolosa se combattuta nell'ombra, a fronte di una battaglia persa a viso scoperto.

Riappropriatomi della mia identità e delle miserie accantonate ripresi da solo contro molti a gettare la mia verità contro quella degli altri. E lo feci con un articolo giornalistico di taglio così voluto: "Io cassaintegrato vi spiego perché da 'morto' starò meglio". Giacché pareva che a nessuno interessassero i miei post disperati appesi nel web qua e là con maniera ossessiva decisi dunque di impersonare un pupazzo. E siccome siamo tutti marionette, il reporter del fumettista belga Hergé, Tintin, mi sembrò potesse fare al caso mio.

Ridicolizzato a perditempo sfaccendato perché

cassintegrato mi rifeci di dosi di dignità sulla società civile, che si estendeva a non più di un palmo dal mio naso – sebbene questo non sia corto per le bugie – riprendendo dalla cronaca e ripetendo, con metodica e tempistica da orologiaio, i fatti e le vicissitudini della società a partecipazione pubblica di cui ero un dipendente legittimato da una provenienza istituzionale, da una graduatoria pubblica stilata nel lontano 1998, in uno sperduto ufficio di collocamento di provincia.

Come altri lavoratori posti in cassa integrazione a discrezione, leggevo, apprendevo dai giornali e riscrivevo e ripubblicavo come farebbe un pappagallo se istruito a dovere e, come un pappagallo, con il suo monotono gracchio, innervosivo tante persone. Perché smettere? Sono 36 mesi che faccio il lavativo agli occhi di tutti quelli che bivaccano al di là di un palmo dal mio naso. E allora, continuo a ciangottare.

"Siamo alle solite". Potrei iniziare così la mia rassegna stampa sulla vertenza "Abruzzo Engineering". Ma questa volta di qualche filo pendente non sarà facile trovare il capo da riannodare agli altri. Gli anni passati, e a dire il vero dal dicembre 2010, nell'imminenza del buonismo natalizio, l'esasperazione di chi teme di perdere il proprio posto di lavoro, i precari di una società in liquidazione, spinge a montare nel gelo dei luoghi delle piazze la legittima protesta contro le istituzioni che a prima vista sembrerebbero assenti e impreparati alla risoluzione delle problematiche occupazionali.

Fine Anno Domini 2010

All'armi! All'armi! 4 dicembre 2010, futuro a rischio dei 200 dipendenti della Abruzzo Engineering.

Rientrato l'allarme. Il 23 dicembre 2010, arriva la proroga per i lavoratori della Abruzzo Engineering. Ma non è per tutti.

Fine Anno Domini 2011

Di nuovo, all'armi! 21 dicembre 2011, gli uffici comunali a rischio paralisi. Lavoratori a casa e sportelli chiusi. Scade domani, infatti, il termine del contratto in virtù del quale i lavoratori di Abruzzo Engineering, l'azienda in house della Regione, prestano servizio presso l'Ente comunale con mansioni di supporto nell'ambito della ricostruzione.

Tirato un sospiro di sollievo, il 29 dicembre 2011 i precari della Abruzzo Engineering ottengono una nuova proroga. Anche stavolta non vale per tutti i

110

dipendenti.

Fine Anno Domini 2012

Rischio tramonto, è emergenza lavoro! 12 ottobre 2012, centonovanta lavoratori di Abruzzo Engineering a rischio licenziamento. Lo hanno detto senza giri di parole i sindacati, nella riunione ieri pomeriggio a Pescara presso la sede Cgil.

La nave, raddrizzata. 28 dicembre 2012, grazie ai fondi inseriti all'interno della delibera CIPE si è ottenuta anche la proroga della convenzione con la società Abruzzo Engineering. In questo modo siamo riusciti a raddrizzare una nave che negli ultimi mesi procedeva a rilento.

Questi i link delle puntuali "rappresentazioni mediatiche" di fine anno contro i paventati licenziamenti del personale di Abruzzo Engineering, che intanto prosegue dal 2010 l'iter lavorativo retribuito a differenza di chi è rimasto e rimane in cassa integrazione, sotto però l'ala alta delle tutele dei sindacati che, con instancabile dialettica, allestiscono e poi disfano gli immancabili tavoli delle trattative.

Fine Anno Domini 2013

Al paese mio, si dice che quando il cane non abbaia

 significa che ha mangiato. I veterani della cassa integrazione in deroga, in osservanza delle norme previste dalla riforma della nuova legge in materia di ammortizzatori sociali, potranno avvalersi di soli altri 7 mesi nel 2014 permanendo sempre in uno stato di precariato divenuto oramai abituale. Non per tutti i lavoratori.

In primavera, salvo imprevisti, dovrebbero svolgersi le consultazioni elettorali per il rinnovo della Giunta Regionale abruzzese. Sarebbe scortese e inusuale non richiedere anticipatamente garanzie per le vaghezze occupazionali che assillano quei cittadini in forse. Invece, per quelli messi da parte, ogni promessa è buona.

Il 28 dicembre prossimo scadranno la commessa e relativo finanziamento per i lavoratori della Abruzzo Engineering impiegati nei vari enti pubblici. Questa volta, tuttavia, potrebbe bastare una piccola risorsa per solamente 3 mesi lavorativi. Gennaio, febbraio e marzo 2014. Visto che l'impegno di spesa non dovrebbe risultare eccessivo per le borse delle amministrazioni pubbliche, con molta probabilità e implorati interventi soprannaturali piuttosto che di qualche santo in paradiso, i fondi necessari usciranno subito fuori da qualche saccoccia pronti a scongiurare il ripetersi, come già accaduto in passato, del deposito di pratiche presso gli uffici e dei conseguenti disagi inflitti ai cittadini contribuenti. Male che vada, loro, i lavoratori dal 2010 ininterrottamente occupati seppure precari, potranno beneficiare della cassa integrazione, di cui hanno avuto modo di avvalersi in alcuni momenti che, con un eufemismo forzato, potrei definire infrequenti.

Qualche curioso mi segue da lontano; poi, al ritorno, s'accompagna con me, sorride, e – considerando la mia condizione – mi domanda: "Ma tu, insomma, si può sapere chi sei?". Mi stringo nelle spalle, socchiudo gli occhi e gli rispondo: "Eh, caro mio... Io sono il fu Mattia Pascal".

Al posto del reverendo amico don Eligio Pellegrinotto ad attendermi un "Humus persecutionis". La preoccupazione per una società in liquidazione volontaria dal dicembre 2010, a causa di un deficit di 19 milioni di euro. Un'ipotesi non rassicurante balzata fuori dall'Atto di Sindacato Ispettivo n° 3-02511, pubblicato il 29 novembre 2011, Seduta n. 638, presentato dal senatore Alfonso Mascitelli, al Ministro dell'Economia e delle Finanze e su cui gli investigatori pare stiano ragionando. La Abruzzo Engineering potrebbe avere rappresentato "una cassaforte nella quale far entrare ed uscire mazzette e fondi neri, oltre che un serbatoio di clientele, scambi, appalti pilotati e favori politici".

Fra le righe dell'imitazione di Maurizio Crozza del senatore Antonio Razzi interpretata in uno spot promozionale, nella capa tosta di qualche non di certo sprovveduto potrebbe rimbombare come un invito a comportamenti più sbrigativi e meno impegnativi, di sicuro convenienti.

Ci sono quelli però che dagli altri hanno scelto di vivere diversamente. Ed è evidente che costoro siano i soliti benestanti proprietari di automobili confortevoli, tanto da potervici dormire dentro, una volta sconfitti ed emarginati.

Fanpage.it
20 GENNAIO 2014
https://autori.fanpage.it/la-pro-prieta-transitiva-della-congruenza-abruzzese/

La pro-prietà transitiva della congruenza abruzzese

Sex and the City, per il capoluogo abruzzese. Non potevano mancare, a parte tangenti, corruttele e mazzette varie, complicanze di natura sessuale. Nello specifico, di sesso a pagamento, il cui perfezionamento contrattuale pare sia avvenuto all'interno della sede della Regione Abruzzo.

"Bisturi!", ordina il chirurgo.

"E qual è il bisturi qua in mezzo?!", esclama la ferrista.

Il paziente muore e il chirurgo si giustifica dichiarando che non era a conoscenza dell'incapacità della sua assistente in sala operatoria.

Il sindaco dimissionario e "ripensatario" dell'Aquila, Massimo Cialente, pare abbia ha ereditato problemi, oltre che dall'inchiesta "Do ut des" sulle presunte tangenti negli appalti per la ricostruzione, anche da alcuni appartenenti alla propria famiglia; in particolare, dalla cognata.

Così si apprende dai vari articoli di quotidiani locali e nazionali:

(...) Il clan *****, capeggiato dalla signora Donatella, moglie di Cialente, ha ricevuto benefici a non finire per il loro "status" di parenti del "regnante". Ad iniziare dalla famosa permanenza dell'intero clan in alberghi di lusso sulla costa immediatamente dopo il sisma del 6 aprile 2009, sino ad arrivare alle assunzioni delle "cognate": Abruzzo Engineering, Dompè, casa di riposo Hotel Duca degli Abruzzi; l'ultima all'ex ONPI, dal 1° gennaio 2014. In un momento in cui la disoccupazione dei giovani è una piaga senza via d'uscita, la parentopoli di Cialente riesce ad "occuparsi" scegliendo i posti migliori. (...)

(...) Capita così che Tiziana *****, cognata del sindaco Massimo Cialente, sia riuscita quasi a triplicare i soldi spesi per acquistare una casa nel 2004, grazie alla generosità di quel Comune che adesso pretende gli affitti dai poveri cristi che ancora alloggiano nel Progetto Case. (...)

(...) la ***** (cognata di Cialente), chiedeva il contributo per l'acquisto di un immobile sostitutivo di quello distrutto, per cui l'Amministrazione Comunale di Cialente versava "alla cognata" ben 385mila euro. Facendo i conti della serva, la signora ***** Tiziana (cognata di Cialente), per un immobile del valore di 180mila euro, ha incassato ben 422mila euro (385mila+37mila). Ma l'ingordigia della signora ***** (sempre cognata di Cialente), non ha limiti e ricorre al Tar al fine di ottenere dal Comune (di Cialente) la somma di 616mila euro. (…)

(…) L'ex sindaco dell'Aquila ha spiegato di aver lasciato l'incarico facendo un «sacrificio umano: voglio dire agli italiani che siamo noi le vittime, cercate di capire cosa stiamo passando. «Qui non c'è il magna magna». (…)

Ed è proprio il Sole 24 Ore a sottolineare alcune peculiarità della città amministrata da Cialente.

(…) L'Aquila è un maso chiuso con dieci famiglie egemoni e un triumvirato politico a cui è toccato in sorte di gestire 12 miliardi di aiuti che secondo le proiezioni più attendibili entro il 2019 lieviteranno fino a 60. (…) "La ricostruzione è cosa nostra" (…) Dice un consigliere comunale che vuole rimanere anonimo: "Quando ho sentito dell'arresto di Riga non mi sono stupito affatto. Certe attitudini del vicesindaco erano chiare a tutti". (…)

A Cialente non rimane che lo scoramento di una dichiarazione improbabile: (…) Sulle accuse di responsabilità politica nella vicenda appalti, a suo

dire «l'unica colpa che ho è quella di non essermi dato fuoco o aver fatto lo sciopero della fame» (…).
Meno abbattuta si dimostra la Pezzopane, soprannominata superstefy:
(…) «Uniamoci e sterminiamoli». Detto tre volte, una dopo l'altra. Le parole sono pietre e Stefania Pezzopane, senatrice della Repubblica, politica professionista di lungo corso in tutta la trafila dal Pci al Pd, le ha aguzzate e scagliate all'Aquila contro i suoi avversari politici di centrodestra (…)
Apocalittica la visione geografica di un ex deputato del PD, Giovanni Lolli, sull'inchiesta "Do ut des" e sulle presunte tangenti negli appalti per la ricostruzione:
(…) "Contro la città si sta muovendo qualcosa che è più grande di quanto si potesse pensare. A questo punto sono sempre più convinto che Cialente debba ritirare le dimissioni. (…) "Ci sono segnali precisi che fanno capire che vogliono cancellare la città dalla cartina geografica (…) Vogliono spazzare via una intera classe dirigente dando con i giornali e le Tv un'immagine devastante dell'Aquila". (…)
Per il vice sindaco Betty Leone, le responsabilità dello scandalo "Do ut des" andrebbero attribuite agli (…) articoli di stampa e servizi giornalistici che

hanno determinato una ferita gravissima all'immagine della città, (…)

Si avvicina l'ora del ritorno per il sindaco che "avrebbe voluto darsi fuoco digiuno".

(…) Riunione di maggioranza questa mattina (oggi, 20 gennaio 2014, n.d.r.) in Comune e si avvicina nuovamente il ritorno del sindaco Massimo Cialente. I gruppi di centro sinistra hanno analizzato la situazione politica attuale, (…)

La società in liquidazione dal 2010 a causa di un deficit di 19 milioni di euro, la Abruzzo Engineering S.C.p.A. (60% Regione Abruzzo, 30% Provincia dell'Aquila, 10% Selex Se.Ma di Finmeccanica), grazie alle proroghe governative e stanziamento di fondi pubblici ha potuto comandare in prestito presso gli uffci tecnici e amministrativi del Comune e della Provincia un nutrito numero dei dipendenti, più della metà della forza lavoro, lasciando però a casa in CIG (cassa integrazione guadagni in deroga) 52 lavoratori, ormai allo stremo, dopo 40 mesi di questo particolare trattamento.

Per una giusta informazione bisogna ribadire che molti dei cassintegrati hanno conseguito il proprio impiego attraverso la partecipazione a una graduatoria per anzianità di iscrizione come disoccupati stilata nel 1997, dagli Uffici di Collocamento provinciali.

Si parlava, dunque, delle vicissitudini delle "cognate eccellenti". A spulciare bene e pensare male, un bravo reporter potrebbe fare qualche telefonata e chiedere in giro se non sia un'imprecisione affermare che forse, da qualche parte, in qualche società pubblica, potrebbero "sopravvivere" dipendenti probabilmente assunti con imperizia e, improbabilmente, senza favoritismi di sorta riconducibili a prestigiose parentele acquisite.

Per carità... nessuna illegalità! Però saperne un po' di più farebbe bene ai contribuenti.

Conoscere, per esempio, come avvengano certe assunzioni remunerate con denaro pubblico.

Lo ripetiamo, alcuni dipendenti, il lavoro, l'hanno trovato tramite l'ufficio di collocamento. Certi altri, chissà in quale modo? Sarà lecito domandarselo, all'indomani di tutte queste "indiscrezioni" sugli amministratori pubblici?

Sex and the City, per il capoluogo abruzzese. Non potevano mancare, a parte tangenti, corruttele e mazzette varie, complicanze di natura sessuale. Nello specifico, di sesso a pagamento, il cui perfezionamento contrattuale pare sia avvenuto all'interno della sede della Regione Abruzzo, tra l'assessore alla Cultura Luigi De Fanis e la sua segretaria.

(…) "Io sottoscritto Luigi De Fanis – si legge nel documento poi strappato dallo stesso politico e faticosamente ricostruito dagli agenti del Corpo Forestale dello Stato – nuovo accordo per novembre (…) do 3mila euro (…) per amore con regalo (…) "Mi obbligava a fare sesso". Ecco il contratto hard tra l'assessore e la segretaria (…)

Ora, per la pro-prietà transitiva della congruenza, anche il presidente della Regione Abruzzo, Gianni Chiodi, dovrebbe minacciare le proprie dimissioni, visto che anche un suo assessore pare sia implicato in una indagine giudiziaria dai risvolti assai inquietanti.

(…) Non solo concussione, truffa e peculato, ora l'ex assessore alla cultura Luigi De Fanis, ai domiciliari per un presunto giro di tangenti nell'organizzazione di eventi culturali in Abruzzo, è indagato anche per tentato omicidio con vittima la moglie. (…)

Niente paura, anche il presidente può ripensarci!

Fanpage.it
23 GENNAIO 2014
https://autori.fanpage.it/massimo-cialente-il-sindaco-che-voleva-darsi-fuoco-digiuno/

Massimo Cialente: il sindaco che voleva darsi fuoco digiuno

Il sindaco Massimo Cialente ha deciso di restare in sella per ripartire con fierezza e aprire così una nuova fase edificata sull'alto senso di responsabilità. È la seconda volta che si dimette, ma è questa quella che dovrebbe contenere l'incipit per un inizio davvero diverso. In musica, si chiama ritornello. Un motivo che Jan Palach non ha avuto il privilegio di canticchiare.

Qui non c'è il magna magna!

Verba volant del sindaco ripensatario, che fino all'altro ieri avrebbe voluto darsi fuoco digiuno dinanzi ai propri cittadini. L'Aquila, la città impermeabile a mafie e 'ndrine è, anzitutto, luogo finito e atavico di una simpatica eroina: la Superstefy.

"Uniamoci e sterminiamoli", ha infierito la senatrice Stefania Pezzopane sulla piazza gremita di folla, a invocare con sonorità evocative il ritorno abituale dell'uomo che ebbe a concepire finanche l'estremo sacrificio, quello umano, nel momento in cui la sorte volle porlo dinanzi a scelte imperfette. L'abbandono del proprio incarico di amministratore pubblico, di borgomastro, di primo cittadino. Agli italiani non resta che la gravità di un enorme carico, di un inconsueto fardello imposto da etnie senza scrupoli, i temibili trafficanti di notizie, le cui responsabilità dello scandalo "Do ut des" sono senza alcun indugio da addebitare ai loro perversi e fuorvianti servizi giornalistici, che hanno determinato una ferita gravissima all'immagine della città.

Il guizzo dell'equilibrista politico sulla corda tirata prossima a stuccarsi, senza rete, ha provocato, al momento, lo stupore degli astanti. Il sindaco Massimo Cialente ha deciso di restare in sella per ripartire con fierezza e aprire così una nuova fase edificata sull'alto senso di responsabilità. È la seconda volta che si dimette, ma è questa quella che dovrebbe contenere l'incipit per un inizio davvero diverso. In musica, si chiama ritornello. Un motivo che Jan Palach non ha avuto il privilegio di canticchiare. Sempre pronti alla battaglia – ribadisce con forza il sindaco – perché siamo persone oneste e toste accomunate da un unico scopo: la salvaguardia della cittadinanza dagli attacchi ignobili, che vorrebbero rideterminare il cantiere edile più grande d'Europa come un luogo dove sarebbe in atto il magna magna. Attacchi inopportuni come quello perpetrato da un quotidiano nazionale, nel quale si sostiene che L'Aquila è un maso chiuso con dieci famiglie egemoni e un triumvirato politico a cui è toccato in sorte di gestire miliardi di aiuti che, secondo le proiezioni più attendibili, entro il 2019 aumenteranno fino a quintuplicarsi.

Il sindaco abruzzese non si è fatto mettere in mezzo e ha rilanciato la polemica caratterizzando con tinte fosche la minaccia di affrontare la crudeltà dello sciopero della fame con lo spettro di una torcia umana.

Per difendere L'Aquila sarebbe pronto persino a una terza dimissione se l'Italia tutta non sarà compartecipe. Troppi gli attacchi paratigli contro giunta e famiglia. E per quest'ultima aggiunge solennemente di avere trattato come tutti gli altri cittadini il caso riguardante la sorella della moglie fatta ricca – a detta dei giornali – dal terremoto ottenendo un rimborso di 547 mila euro per la ristrutturazione di un immobile pagato 180 mila euro.

Di certo, la mano più pesante di tutte è calata sul sindaco e la sua parentela per mezzo di un caustico editoriale di un quotidiano online, che ha cercato e usato termini allusivi riportando di un presunto "Clan *****", capeggiato dalla signora Donatella, moglie del sindaco Cialente, che avrebbe ricevuto benefici per lo "status" di parente del "regnante". Dalla famosa permanenza dell'intero "Clan" in alberghi di lusso sulla costa immediatamente dopo il sisma del 6 aprile 2009, fino ad arrivare alle assunzioni delle "cognate" nella Abruzzo Engineering, la Dompè, la casa di riposo "Hotel Duca degli Abruzzi" e, l'ultima – sempre secondo quanto riportato dal quotidiano locale – all'ex Onpi, dal 1° gennaio 2014. Insomma, pare proprio che a dispetto di una disoccupazione dilagante e senza via d'uscita, la "parentopoli" del sindaco dell'Aquila riesca a "sistemarsi" scegliendo i posti migliori.

Comunque sia, lancia in resta, il primo atto politico di "Max" – come senza formalismi lo chiamano all'Aquila – dopo lo scandalo che ha colpito la sua giunta è stato quello assai significativo di nominare come proprio vice un ex magistrato fosse anche solo per distogliere le menti da attrattive non coniugate a dovere con le regole del patto sociale.

Un altro fatto inaspettato dovrebbe presentarsi nella gerenza amministrativa dando un input alla rotazione di numerosi funzionari e dirigenti.

Quella stessa rotazione del personale negata a una società pubblica in liquidazione, che annovera fra i propri dipendenti un nutrito drappello assegnato ai vari uffici comunali e una sparuta e svantaggiata congrega di adepti di un dio minore relegata in cassa integrazione da anni, in barba alle norme contrattuali che prevedono l'applicazione della rotazione di tutto il personale. Prossime alla scadenza alcune delle convenzioni sottoscritte dal Comune dell'Aquila con varie aziende partecipate dagli enti pubblici. Fra queste, una che consentirebbe a circa 150 dipendenti di una società a capitale pubblico – in liquidazione a causa di un presunto deficit di 19 milioni di euro, con maggioranza della Regione Abruzzo, Provincia dell'Aquila e Comune – di prestare servizio negli uffici tecnici per la ricostruzione e il rilancio delle aree colpite dal sisma.

Dal lontano 2010, di questi tempi, si ripropone il travaglio per i lavoratori e, soprattutto, per i dipendenti collocati da anni in CIGS in deroga che, nonostante le norme contrattuali nazionali e gli accordi sindacali approntati a garanzia dell'effettiva applicazione dell'istituto della rotazione del personale, non riescono a essere reinseriti nei loro legittimi ruoli. Per sfuggenti ragioni di problematiche economiche e finanziarie, il governo centrale continua a stanziare esigue risorse per gli ammortizzatori sociali. E tutto ciò accade sotto gli occhi imploranti del sindaco ripensatario Cialente che, più d'ogni altro, si è speso con convincimento per salvare dalla disoccupazione una parte dei 200 dipendenti della società in perdita.

Apocalittica a suo modo, la visione geografica di un ex deputato del PD, Giovanni Lolli, sull'inchiesta "Do ut des" e sulle presunte tangenti negli appalti per la ricostruzione. Contro la città si starebbe muovendo qualcosa che è più grande di quanto si possa pensare. Lolli avrebbe captato segnali precisi che farebbero intendere una precisa volontà – attribuibile a chi, non è dato sapere – di cancellare la città dalla cartina geografica, spazzare via una intera classe dirigente dando con i giornali e le televisioni un'immagine scioccante dell'Aquila.

Il guaio è che ci stanno riuscendo.

Fanpage.it
31 GENNAIO 2014
https://autori.fanpage.it/la-coerenza-del-sospetto/

La coerenza del sospetto

L'avere utilizzato soldi pubblici per ragioni assolutamente personali è un fatto grave, anzi gravissimo.

A sentire le dichiarazioni del presidente Chiodi non ci sarebbero problemi a motivare i 37 mila e 500 euro pubblici spesi durante le sue 185 missioni istituzionali.

Secondo Giampiero Di Florio e Giuseppe Bellelli, i PM che hanno ricostruito l'inchiesta che conta 25 indagati, la ricapitolazione sarebbe un intreccio di omissioni e raggiri tendente a lucrare a ogni favorevole occasione, in ogni ambito e per qualsiasi cifra. Una immoralità metamorfosatasi in prassi, che ha toccato gran parte dei componenti del Consiglio regionale. Dalle investigazioni risultano ipotizzati i seguenti reati: truffa, peculato e falso ideologico. Al presidente del Consiglio della Regione Abruzzo, Nazario Pagano, gli inquirenti hanno contestato 15 mila euro di spese per vitto e alloggio in Venezuela, Florida, Canada, Baleari, Austria, Russia. A Chiodi, fatture per 24 mila euro.

L'ipocrisia, per essere utile, deve nascondersi. Simbolica la consumazione con ricevuta mancante all'appello di 100 euro per quattro Campari Orange e due bottiglie di vino finita sotto le attenzioni particolari degli investigatori a carico dell'assessore Mauro Di Dalmazio, dalle parti di Como, in quel di Cernobbio. L'assessore Paolo Gatti dovrà giustificare una spesa di 636,88 euro per trasferte a Roma, mentre Lanfranco Venturoni, all'epoca assessore alla Sanità, dovrà cercare di spiegare agli inquirenti le 10 missioni nella capitale costate alla comunità 305 euro.

Se così nudi e crudi restassero i fatti da verificare e denunciati dalla Procura della Repubblica di Pescara, indubitabilmente si tornerebbe a parlare ancora una volta di denari della collettività utilizzati per fini privati. L'avere utilizzato soldi pubblici per ragioni assolutamente personali è un fatto grave, anzi gravissimo. Con le ammissioni assai spigliate di adulterio fallace indotto da debolezze umanamente condivisibili tra maschi veraci "da riproduzione" e pure malgrado il sessuologo che ha voluto definire la terra d'Abruzzo a bassa erogenia, il presidente Chiodi, accorso a farsi intervistare dal Corriere della Sera, secondo alcune non inconsuete interpretazioni, sembrerebbe avere inconsapevolmente voluto fare oscillare l'asse debole della legittima preoccupazione dell'opinione pubblica sulle vicende sentimentali di un uomo che, diversamente, ha da rendere conto di ipotesi di reati quali peculato, truffa e falso ideologico.

"In questo secolo, nel quale ogni energia è morta, la sua energia mette paura. In mezzo a tanti pericoli, mi resto io".

Per la coerenza del sospetto, si vuole qui di seguito elencare alcune delle esternazioni, recenti e non, del presidente Chiodi. Nel lontano 16 dicembre del 2008, all'indomani della nomina allo scranno più alto dell'emiciclo, Chiodi pontifica su "rivoluzioni meritocratiche" e chiosa che in Abruzzo, con lui presidente, "non si parlerà mai di Forza Italia e Alleanza nazionale, ma di Pdl".

Difatti, il 20 novembre del 2013 arriva un altro dei suoi 'diktat': "Mai con Alfano e in Forza Italia solo se comando io!". Ancora, il 3 gennaio del 2009, la perentorietà del governatore è inequivocabile: "Per accedere in modo definitivo al posto pubblico c'è un solo modo: il concorso". E aggiunge sulle politiche sociali: "Per essere sostenibile il welfare deve essere meritocratico".

Il 18 giugno del 2010, sempre Chiodi, si accorge che "l'assenza di meritocrazia, anche a causa della mancata selezione della classe dirigente in senso lato, non solo di quella politica, è uno dei fattori preponderanti che ha ridotto l'Abruzzo nelle condizioni in cui si trova".

Sembrerebbe proprio una anticipazione di accadimenti ancora da venire, quando il 2 gennaio 2012 Chiodi spiega ai cittadini della propria regione che presto ci sarà "una valutazione sul personale, sui dirigenti, e la meritocrazia rappresenterà inevitabilmente la fine delle disuguaglianze".

L'ironia della sorte potrebbe adesso istigare il lettore a ripensare a una camera d'albergo romana con il numero 114 attaccato sulla porta. L'energia tutta del presidente Gianni Chiodi, indagato, si è trasformata pochi mesi fa, in una incomprensibile incongruenza dialettica.

Curiosando su Facebook, in un post datato 23 agosto 2013, si apprende che a differenza del Lazio, Liguria, Calabria, Puglia, Sicilia, Campania, Friuli Venezia Giulia, Marche e Molise, dove il costo aggiuntivo sulle impegnative per le prestazioni mediche nelle Asl è stato applicato sic et simpliciter, in Abruzzo, al contrario, il ticket di 10 euro scatterebbe solo per i redditi superiori a 36 mila euro.

Purtroppo, la normativa vigente prevede cose diverse da quelle descritte dal risanatore dei conti della sanità abruzzese. Chi quei 10 euro non se li ritrova sempre in tasca ed è costretto così a rinviare a tempi migliori un esame clinico, letto quanto dichiarato dal governatore, ha subito richiesto un chiarimento alla Direzione Politiche della Salute, presso l'Ufficio di Coordinamento e Supporto alla Direzione che, a sua volta, in una nota del 13 settembre 2013, Prot.RA/225390/DG, ha così chiarito la vertenza nata sul social network:

"Si significa che sono esenti, per motivi di reddito, dalla applicazione del ticket di € 10,00 – quale misura di compartecipazione al costo delle prestazioni sanitarie prevista dall'articolo 17, comma 6 L. 15.07.2011 n. 111 – i soggetti con età inferiore agli anni 6 (sei9 o superiori agli anni 65 (sessantacinque) aventi reddito familiare inferiore a € 36.151,98. Al fine di garantire una informazione completa in merito alle esenzioni correlate alla situazione economica del nucleo familiare, si rimanda alla consultazione dell'allegato tecnico al DM del 17.03.2008".

"L'ipocrisia, per essere utile, deve nascondersi".

Fanpage.it

3 FEBBRAIO 2014

https://autori.fanpage.it/le-opportunita-delle-coincidenze/

Le opportunità delle coincidenze

"Sono sicuro che già nei prossimi interrogatori le persone coinvolte riusciranno a chiarire tutto. Resto al fianco di Chiodi, che andrebbe giudicato per l'opera di risanamento fatta in Regione. Piuttosto, mi sembra che questa inchiesta abbia finito con l'oscurare i fatti ben più gravi accaduti a L'Aquila e di cui non parla più nessuno".

"Però ditelo che siete stati voi a cercarmi, non voglio passare per il salvatore della patria, né essere il termine di paragone di tutti. Io avrei anche fatto a meno di parlarne", pare schernirsi sulle pagine del Messaggero d'Abruzzo di sabato 1° febbraio 2014 l'assessore ai trasporti della Giunta Chiodi — dall'Huffington Post ribattezzata "Giunta di mandrilli" — ed esponente dei Fratelli d'Italia, Giandonato Morra. Come da lui stesso accennato, avrebbe potuto fare a meno di farsi intervistare sugli argomenti pruriginosi di sesso e potere se questi gli fossero parsi sconvenienti.

Comunque sia, l'essere stato l'unico politico a non

accettare di usufruire di un diritto, quello di ritirare la carta di credito della Regione con un plafond di 5 mila euro per le spese istituzionali e di rappresentanza, di certo non eleva fino alla mitologica figura greca dello psicopompo designante la funzione di guida. Scampata questa insidia spirituale, dopo parecchie frasi moraleggianti e di facile filosofia, l'assessore con la barba avrebbe potuto risparmiare, almeno a qualche lettore, le proprie omelie sentimentali. Assolvere diligentemente al proprio ruolo è un dovere, non un vanto.

Stendhal ci ricorda che ci si appella sempre al cuore, quando si è commessa qualche sciocchezza.

Si è scoperto che il governatore, indagato con altri 24 politici per truffa, peculato e falso, nel marzo 2011 ha soggiornato in un albergo di Roma in compagnia. Spesa di 340 euro, rimborso chiesto alla Regione di 357. Farsi l'amante, ma anche la cresta!

E di questi rimborsi gonfiati, cosa ne pensa l'assessore che si è sempre pagato tutto di tasca sua? "Sono sicuro che già nei prossimi interrogatori le persone coinvolte riusciranno a chiarire tutto. Resto al fianco di Chiodi, che andrebbe giudicato per l'opera di risanamento fatta in Regione. Piuttosto, mi sembra che questa inchiesta abbia finito con l'oscurare i fatti ben più gravi accaduti all'Aquila e di cui non parla più nessuno".

Dunque, vediamo quale potrebbe essere la più significativa delle opere di risanamento messe in atto in cinque anni da un presidente che ha risanato il bilancio della sanità, diminuito di un miliardo di euro il deficit regionale, dimezzato le auto blu, senza però dimenticare il fatto che ha condiviso la camera d'albergo con un'amante e che appena nove mesi da quella notte, i due si sono ritrovati a gestire 1,5 milioni di euro per la ricostruzione di un centro anti-violenza all'Aquila.

Denaro pubblico che comunque la funzionaria, va detto, non è riuscita a spendere. Non c'è reato in tutto questo, ma di certo trattasi di una questione d'opportunità. Una opportunità, per tornare alla più significativa delle opere del risanatore d'Abruzzo, la colse Chiodi nel dicembre del 2010 allorché pose in liquidazione volontaria a causa di un presunto deficit di 19 milioni di euro una società pubblica, la Abruzzo Engineering S.C.p.A. Dal governatore stesso definita un inutile "carrozzone politico" di cui l'Abruzzo poteva fare a meno.

Difatti, ancora oggi, pur restando sempre in

liquidazione, la Abruzzo Engineering continua a sopravvivere mediante proroghe e decreti governativi prestando l'opera di una sola parte della propria forza lavoro nei vari uffici tecnici della Provincia e del Comune dell'Aquila a coadiuvare lo smaltimento delle pratiche pertinenti la ricostruzione della città.

Quelli sfortunati, gli altri lavoratori, sono riposti in cassa integrazione guadagni in deroga da oltre tre anni consecutivi senza avere accesso alla rotazione del personale, peraltro prevista da numerosi accordi sindacali. Due pesi, due misure? Anche qui, questioni d'opportunità. Solo coincidenze, viceversa, per il sindaco pluri dimissionario, Massimo Cialente. Alcuni sarebbero in grado di dimostrare e di provare che "il trasparente Cialente" aveva la coda di paglia e aveva ordinato ai suoi di non darne notizia.

Era evidentemente un fatto di famiglia; un fatto privato del Clan Cialente-*****, che il sindaco voleva far restare segreto. Il clan *****, capeggiato dalla signora Donatella, moglie di Cialente, ha ricevuto benefici a non finire per il loro "status" di parenti del "regnante". A iniziare dalla famosa permanenza dell'intero clan in alberghi di lusso sulla

136

costa immediatamente dopo il sisma del 6 aprile 2009, sino ad arrivare alle assunzioni delle "cognate": Abruzzo Engineering, Dompè, casa di riposo Hotel Duca degli Abruzzi; l'ultima all'ex Onpi, dal 1° gennaio 2014.

A questo punto, una domanda sorge spontanea.

Semmai ci si dovesse imbattere in un individuo indagato per molestie e attenzioni particolari nei confronti di minori a esso affidati per motivi pedagogici, chi attenderebbe il terzo grado di giudizio della magistratura, prima di allontanare il proprio figlio da un pedagogo così premuroso?

E perché mai per i denari pubblici non vale tutte le volte lo stesso principio?

Fanpage.it
20 FEBBRAIO 2014
https://autori.fanpage.it/consultazioni-streamingzite/

Consultazioni Streamingzite

L'inconscio di milioni di persone vessate da un potere incomprensibile e incapace di potere.

Se fossi stato il segretario del PD e basta gli saltavo sul tavolo, ma da presidente incaricato… et cetera, etc.

Lachrymose

Stamane, i commentatori alla radio, di quelli che

basta solo il nome, in diretta caffè si sono dapprima allarmati e poi sciolti nelle proprie bustine di zucchero preconfezionate da chi offre loro quotidianamente la colazione.

Il meccanismo fa le bizze. L'hanno appurato in streaming cosa potrebbe accadere ai commissionati della penna. Dietro quella porta, dove una assemblea di condomini delle news attende con il taccuino dell'osservatore già precompilato, ieri si è esibito l'inconscio di milioni di persone vessate da un potere incomprensibile e incapace di potere.

La teatralità della situazione ha convinto i deboli che si può essere coraggiosi con poca forza. Beppe Grillo, leader comico e portavoce del M5S ha sottolineato quanto la semantica possa essere manipolata. Divenire gestuanti, capocomici a strillo e da platea con il silenzio di dita abituate a indicare infiniti e inutili punti illusori all'orizzonte dello psicopompo di turno.

Accettare di andare a parlare con uno che vuole parlarci e dirgli in faccia non che non abbiamo nulla da dirgli, ma che non vogliamo parlarci, ci vuole intelligenza politica. E non è cosa comune questo pregio.

I titoli dei giornali di oggi si dissociano – o si

associano con riserva – dalla trattativa bistrattata messa in atto, non in scena, da un attore di mestiere che, se solo lo avesse voluto, avrebbe potuto mandare in giro in mutande l'interlocutore con una semplice provocazione. Invece, il comico ha sviscerato dalla pancia del Paese i mali e le torture inflitte nei decenni da politici che da sempre sembrano assai indaffarati e, forse, in affari lo sono sempre stati.

La miopia al contrario de "L'Unità", organo di partito:

"Grillo affonda in streaming"

"Dio ha creato l'uomo a sua immagine, ma l'uomo gli ha reso la pariglia"

Lo diceva Voltaire.

"Se io mi fossi chiamato Onassis avrei navigato meglio tra i miei flutti".

Gli aspiranti governanti si occupino dei loro "Omissis".

il PANE e le rose
(21 Febbraio 2014)
https://www.pane-rose.it/files/index.php?c3:o42622

Con i cassintegrati non si mangia

Siamo alle solite

In questi giorni, si stanno registrando le primizie di

una campagna elettorale tutta puntata sulle annose problematiche occupazionali.

Partire per il fronte non è piacevole. Si sa che  l'uomo si abitua a tutto e allora si scopre che perfino dalla trincea c'è chi stenta a fare ritorno. Addirittura, giunge notizia di chi proprio non ne vuole sentire parlare di abbandonare la linea di fuoco.

E intanto, si incrociano le dita dei precari al posto dei fucili, nell'attesa dell'ennesima proroga che consentirebbe - come puntualmente accade dal 2010 - solamente ad alcuni "fortunati" lavoratori della Abruzzo Engineering, società in liquidazione da quattro anni, di potere inseguire, di rinnovo in rinnovo, il miraggio della sicurezza di un posto fisso, che di solito si ottiene attraverso la partecipazione a un concorso pubblico oppure con un percorso istituzionale tratteggiato dalle graduatoria di anzianità di disoccupazione, per le mansioni più umili, negli uffici provinciali del lavoro.

Per i 60 dipendenti di Abruzzo Engineering impiegati nei settori tecnici degli uffici del Comune dell'Aquila si avvicina la scadenza della convenzione. A fine marzo, se non arriveranno i fondi necessari, la convenzione stipulata tra i vertici aziendali e il Comune scadrà. Una circostanza che si rigenera ogni sei mesi. Questa ciclicità emotiva ha molto impensierito un responsabile della Ricostruzione. Il dipartimento del Comune impiega in servizio molti precari e la quasi totalità delle risorse di AE, tranne i soliti 52 dipendenti in cassa integrazione da anni. Il dirigente Vittorio Fabrizi ha inviato un chiaro messaggio - per alcuni, una lettera molto accorata - al sindaco dell'Aquila, Massimo Cialente.

Si spera di conoscere a breve l'eventuale risposta del primo cittadino che, secondo quanto si apprende da "L'Editoriale" del 9 gennaio 2014, avrebbe una parente acquisita, la "cognata", assunta in AE.

Negli uffici tecnici il carico di lavoro elevato non consentirebbe la dismissione in blocco di una forza lavoro che in tutti questi anni si è distinta nello smaltimento del pregresso arretrato inerente alle pratiche della ricostruzione. Purtroppo, il susseguirsi delle dinamiche burocratiche non fa presagire un futuro accettabile.

Ed è per questo motivo che da più parti politiche si

invoca "un impegno di tutti" affinché i contratti "vengano prorogati almeno fino al 31 dicembre" e non siano vanificati i risultati raggiunti o, peggio ancora, "distrutto" quanto finora fatto e che addirittura i cantieri in centro possano subire un pesante stop a causa dell'eventuale "danno irreparabile" circa "la tempistica di evasione delle pratiche" (http://www.abruzzoweb.it/contenuti/comune-laquila-120-precari-a-rischio--lallarme-si-blocca-la-ricostruzione/539915-302/). Il dettaglio non trascurabile sarebbe quello di reperire in fretta oltre 3 milioni di euro necessari per procedere alle proroghe. Fondi di cui pare il Comune non disponga.

A scansare la iattura di vedere disperse professionalità acquisite in quattro anni e nello stesso tempo negate da una mancata rotazione del personale ai 52 cassintegrati di cui sopra potrebbe essere il provvidenziale momento atteso delle prossime consultazioni per il rinnovo della Giunta Regionale. In questi giorni, si stanno registrando le primizie di una campagna elettorale tutta puntata sulle annose problematiche occupazionali.

L'ex parlamentare UDC Rodolfo De Laurentiis sarebbe disponibile a prestare il proprio sostegno a Luciano D'Alfonso. Pare che già abbia in mente una sua lista nella quale potrebbe trovare posto anche il nome di Enrico Verini, già consigliere comunale del capoluogo e, soprattutto, dipendente della Abruzzo Engineering.

Ed è proprio nell'ampio bacino del celebre "carrozzone clientelare" costruito in sfregio ai finanziamenti pubblici di tutti gli abruzzesi (http://www.abruzzoweb.it/contenuti/abruzzo-engineering-chiodi-storia-torbida-carrozzone-del-pd/500740-4/) posto in liquidazione volontaria e risanato nei conti dal governatore Chiodi dopo avere accollato allo Stato tutti gli oneri dal 2010 a oggi, si starebbe cercando di conquistare voti e preferenze per la conquista di uno scranno dell'Emiciclo.

"E che il progetto sia stato già avviato è confermato da alcune cene e incontri che si sono già tenuti nei giorni scorsi.

Buon appetito!

Fanpage.it

27 FEBBRAIO 2014

https://autori.fanpage.it/l-annunziata-di-renzi-e-lucia/

L'annunziata di Renzi e Lucia

A cinquantasette anni, il signor Zeno, quello dell'ultima sigaretta di Italo Svevo, si diceva certo che se non avesse presto smesso il suo vizio o per lui non vi avesse posto rimedio la psicoanalisi, la sua ultima occhiata dal letto di morte sarebbe stata certamente l'espressione del proprio desiderio per l'infermiera.

Durante l'annunziata del sottosegretario Delrio nella trasmissione televisiva "In mezz'ora" si è appreso che il programma di rilancio economico del nuovo "Governo Renzi" poggerebbe innanzitutto sulla revisione della spesa pubblica – sai che novità! – e che addirittura, mettendoci mano già nel 2014, si potrebbero tagliare almeno 4 miliardi di euro. Una bella sforbiciata alla spesa pubblica, mobilità dei dirigenti e anche un piccolo risparmio pari a un miliardo ottenuto dalla chiusura e messa in liquidazione delle società partecipate come per esempio quelle degli enti locali che ne contano oltre 2 mila in perdita.

Basti pensare a una società come la Abruzzo Engineering posta in liquidazione volontaria dal governatore Chiodi accollando tutti gli oneri – dal 2010 a oggi – allo Stato e con 52 lavoratori in cassa integrazione da anni, i quali non hanno mai potuto usufruire dell'istituto della rotazione del personale mancando l'obiettivo dell'acquisizione di professionalità somministrate continuamente per anni solamente ad alcuni.

Si sa che i politici solitamente sono uomini di metodo. Con aria dottorale che gli compete data la loro grande superiorità in argomento ci illustrano che la vera malattia è il proposito e non l'azione. Agire senza farne prima un proposito. Un uomo può avere il sentimento della propria altissima intelligenza che non dia altro segno di sé fuori di quel suo forte sentimento. Nel politico si possono sedimentare nel corso del tempo due personalità. Per la precisione, ci si potrebbe ritrovare dinanzi a una forte depersonalizzazione: il comando e la schiavitù su se stessi.

Per ingordigia di potere, non appena la sorveglianza diminuisce, si contravviene a una delle due volontà. Per queste ragioni, bisogna darsi la libertà assoluta e, nello stesso tempo, vigilare come se si fosse incappati in una circostanza inconsueta. Mai combattere contro questa condizione anomala. Trascurarla, sì. In qualche modo abbandonarvisi, volgendole le spalle con noncuranza. Il modo più accomodante è quello di ricorrere ai classici luoghi comuni.

Una di quelle solite frasi che si sentono ripetere tutti i giorni nelle segreterie di partito: Il voto di protesta non è altro che un fenomeno qualunque che, comunque, bisogna studiare. Prestare ascolto.

Che tra il dire e il fare c'è di mezzo il mare ci ha già pensato Maurizio Crozza nelle sue performance nei panni dell'ex sindaco di Firenze. L'ironia è uno stato di cose che sembra volutamente contrario a quanto ci si aspetta e che molte volte restituisce più di un risultato divertente. Effettivamente, tutto è ironico in questi giorni. L'ironia è usata come sinonimo di freddo cinismo, di distacco dall'intelligenza. Abbiamo un grave problema con questa parola. L'ironia si propaga per coprire ogni disgiunzione tra linguaggio e significato. Una situazione che si verifica quando sembra che il destino stia manipolando gli eventi in modo da suscitare false speranze.

Si apre così la porta alla confusione tra sarcasmo, sfortuna e disagio. Una molteplicità di punti di vista. Un tentativo di sbloccare la verità. Affermare il contrario di ciò che è vero, per sottolineare la verità. I leader, in particolare, non amano l'ironia, poiché la retorica politica si basa su una struttura di amplessi morali e non. E con essi, l'atto di cercare la verità attraverso la derisione è inutile, perché quando ci si accorge che la verità la si sta guardando in faccia le assomiglianze con il culo diventano sempre meno sfuggevoli.

L'assolutismo dell'opinione pubblica è straripante.

A cinquantasette anni, il signor Zeno, quello dell'ultima sigaretta di Italo Svevo, si diceva certo che se non avesse presto smesso il suo vizio o per lui non vi avesse posto rimedio la psicoanalisi, la sua ultima occhiata dal letto di morte sarebbe stata certamente l'espressione del proprio desiderio per l'infermiera. Truffaut deve averlo letto il romanzo "La coscienza di Zeno".

E di sicuro gli sarà piaciuto molto, tanto da fare morire il protagonista di un suo film, "L'homme qui aimait les femmes" (L'uomo che amava le donne), sul letto di un ospedale. L'amante delle donne, per le quali ha una insopprimibile attrattiva, nel tentativo di approcciare una giovane infermiera bionda, stacca inavvertitamente la sacca di alimentazione del sangue che lo teneva in vita.

Truffaut ha colto a piene mani da un autore moderno del XX secolo. Uno scrittore che la critica ancora oggi non manca di accostare ai lavori di Joyce, di Kafka. L'artista ruba ed è consapevole del proprio crimine. Mai e poi mai potrebbe dichiararsi "Sereno & Tranquillo" semmai qualcuno ne scovasse le tracce di quella refurtiva dell'intelletto. Chi tra i nostri governanti potrebbe sfoderare impudico tutto questo coraggio?

Fanpage.it

5 MARZO 2014

https://autori.fanpage.it/quei-figli-d-ungulati/

Quei figli d'ungulati

"Lanciamo un mail bombing per ricordare all'intera giunta che la campagna elettorale per avere i voti insanguinati dei cacciatori, alle elezioni del prossimo 25 maggio, sarà oggetto di una grande campagna animalista che farà valere le ragioni di quell'88% degli italiani contrari alla caccia"

Senza esitazione si leva la suggestiva corona dell'economia abruzzese descritta come una "canaglia commissariata" che è riuscita a mettere in pareggio i conti della sanità. Abbattere un miliardo di debito, sforbiciare duecento posti in vari consigli di amministrazione e porre in liquidazione società partecipate in perdita.

A cinque anni dal sisma, secondo quanto riferito dal procuratore regionale della Corte dei Conti, nel "cratere" aquilano ci sarebbe un presumibile rischio di infiltrazioni mafiose proprio nell'ambito della ricostruzione post-sisma. A parte mafia, camorra e 'ndrine, bisognerebbe prestare attenzione ai danni collaterali di un risanamento aggressivo messo in atto dalla vanagloria meritocratica.

Si contano più di 10 mila lavoratori, tra i 7.800 della cassa in deroga proscritti da 1.193 aziende e 2.725 quelli della mobilità, prossimi alla "canna del gas". Pronta l'azione, se non proprio "pre-elettorale" quanto meno molto vicina a esso, del Comitato d'intervento per le crisi aziendali e di settore (CICAS). Subito stanziati, per le famiglie che non ricevono assegni da mesi, oltre 29 milioni di euro per gli ammortizzatori sociali in deroga.

A creare apprensione sociale non ci mancavano che i cornuti. Le risorse in parte assegnate alla Regione Abruzzo dal ministero del Lavoro e delle Politiche sociali, con decreto 78641, del 22 gennaio 2014 e, in altra parte, frutto di residui, serviranno a coprire le richieste di cassa integrazione in deroga fino alla fine di ottobre 2013 e quelle di mobilità per tutto il 2013.

Il commento dell'assessore al Lavoro, percepito da chi scrive come un momento di amministrazione spicciola, si sofferma sulla marcatura di stampo teatrale a quei 10 mila abruzzesi che, grazie alla solita politica del fare, riusciranno ad avere un sostegno in un momento così difficile. Immancabile, la chiosa sulle responsabilità altrui. Un appello al Governo centrale affinché sblocchi ulteriori fondi da destinare a lavoratori sospesi, licenziati, in difficoltà sociale e, spesso, al limite della sopravvivenza.

In soldoni, bisogna pure dirgli grazie a questi signori, per avere finalmente trovato con insopportabile ritardo i fondi necessari a pagare il dovuto a chi quel dovuto lo ha atteso con la rabbia del sopravvivere senza salario per giorni infiniti. Denari della collettività che le amministrazioni locali avrebbero potuto risparmiare se avessero provveduto a risanare il risanabile in altro modo.

E quale sarebbe questo altro modo? Non sono pagato per gestire la cosa pubblica. E neanche per scrivere. Si sorride amaro nell'ascoltare gli slogan nella imminente campagna elettorale. Tra ilari convincimenti di politicanti in preda a visioni estatiche di quel Berlinguer della "questione morale" metamorfosata in una inafferrabile manutenzione etica e materiale, tanto che il mio cane ancora si sta grattando l'orecchio dallo sbigottimento.

Se si smanetta con il touch, una chicca la si coglie

leggendo di facilonerie su toni che non andrebbero superati e di incomprensibili limiti della democrazia per assicurarsi uno scontro politico che resti nei confini delineati di una accorta e buona educazione. Per approfondimenti sui principi morali si rimanda a "Rimborsopoli", ma anche alla "Mandrilleide".

Eppure, i problemi in terra d'Abruzzo non si esauriscono in quel trend abusato di crisi economica inflessibile, di precariato, di disoccupazione in lieve flessione se non ci calcoli sopra i cassintegrati. A creare apprensione sociale non ci mancavano che i cornuti. I cervi. Si riproducono in fretta e, con altrettanta rapidità, si vedono spuntare fra le orecchie accenni di corna di cui poi si cingeranno il capo per esibirle fieri nei combattimenti tra maschi. Una specie perniciosa che causa danni economici non sopportabili. I figli d'ungulati presenti sulle montagne, oltre ai cervi e i caprioli, i cinghiali, per esempio, sono giunti nelle attuali aree protette in tempi più o meno recenti, in seguito a interventi diretti o indiretti dell'uomo.

Il loro attuale status tassonomico è ancora molto discusso seppure reintrodotto per ben altri fini verso la metà del secolo scorso. Ed è subito scattato l'allarme caccia. Una venagione pensata come selettiva a tutela degli agricoltori e della fauna protetta.

Non la pensano così gli animalisti che hanno subito fatto giungere da più parti l'eco della loro protesta: "Lanciamo un mail bombing per ricordare all'intera giunta che la campagna elettorale per avere i voti insanguinati dei cacciatori, alle elezioni del prossimo 25 maggio, sarà oggetto di una grande campagna animalista che farà valere le ragioni di quell'88% degli italiani contrari alla caccia".

Insomma, tutta colpa di quei figli d'ungulati.

Fanpage.it

15 MARZO 2014

https://autori.fanpage.it/chiarissima-senatrice-pezzopane/

Chiarissima senatrice Pezzopane

La senatrice del PD ha precisato che l'Ente Pubblico da lei presieduto non ha subito danni. Piuttosto, a quei tempi si ebbe modo pure di salvare diversi posti di lavoro visto che poi la Collabora S.p.A. si è trasformata in "una nuova società che ha buoni bilanci".

Si è finalmente conclusa la vicenda giudiziaria su una presunta vendita ai danni della Provincia dell'Aquila. L'indagine della Guardia di Finanza di qualche anno fa aveva posto in rilievo, secondo le tesi dell'accusa, una frode nei confronti dell'ente locale. Si supponeva fosse stato aumentato il valore delle quote della società Collabora S.p.A., di seguito cedute. Dopo il vaglio del giudice unico Giuseppe Nicola Grieco, i tre protagonisti della vicenda sono stati assolti con formula piena "perché il fatto non sussiste".

Si tratta dell'ex amministratore della società in questione, Vittorio Ricciardi, e di due componenti del collegio sindacale, Ludovico Presutti e Carla Mastracci.

Secondo le accuse, oggi cadute del tutto, si sarebbe consumata una falsa rappresentazione contabile dei bilanci al momento della trasformazione della Collabora S.p.A. in una società "in house". Un fatto risultato infondato che, nel 2006, attraverso una maggiorazione delle quote della società ceduta a trecentomila euro, avrebbe potuto causare un detrimento patrimoniale alla collettività.

A detta della difesa degli imputati e attenendosi strettamente a quanto raccontato dalle cronache dei quotidiani, la testimonianza della senatrice Stefania Pezzopane, che all'epoca dei fatti ricopriva il ruolo di Presidente della Provincia dell'Aquila, sarebbe stata determinante nel giudizio.

Come cittadino e contribuente esigo una spiegazione. La senatrice del PD ha precisato che l'Ente Pubblico da lei presieduto non ha subito danni. Piuttosto, a quei tempi si ebbe modo pure di salvare diversi posti di lavoro visto che poi la Collabora S.p.A. si è trasformata in "una nuova società che ha buoni bilanci".

Per quanto riguarda il Ricciardi, dalla lettura di un trafiletto pubblicato su "Il Messaggero" del 9 ottobre 2013, si apprende inoltre di un presunto mancato, forse solamente ritardato, versamento delle ritenute IRPEF, per una somma di oltre 595 mila euro, relative al periodo di imposta 1° gennaio 2005 – 31 dicembre 2005.

Una relazione riferisce della testimonianza resa dall'ex Direttore Generale della Abruzzo Engineering, Vittorio Ricciardi, la cui posizione è stata archiviata nell'ambito di una inchiesta penale, il quale ha chiarito che il pagamento è stato saldato nel 2007 e che, effettivamente, nel periodo preso in esame dall'Agenzia delle Entrate, c'era stata una sofferenza economica nelle casse della società amministrata, essendo stato obbligato dalla Provincia dell'Aquila ad assumere 20 dipendenti di una società fallita, la "Irti lavori".

Ancora in questa vicenda processuale, il giudice del Tribunale dell'Aquila, Giuseppe Grieco, ha assolto l'imputato Vittorio Ricciardi, che ha potuto dimostrare di avere pagato il dovuto e di essere in regola con l'Agenzia delle Entrate.

L'ex amministratore della Collabora S.p.A. esce dunque a testa alta da due accadimenti processuali rilevanti che lo avevano investito, lo sappiamo solo oggi, in maniera completamente ingiusta. Dal presunto mancato versamento dell'IRPEF alla questione forse più spinosa della società ceduta alla Provincia.

La stessa azienda che poi è confluita nell'attuale Abruzzo Engineering S.C.p.A., la cui genesi, secondo il Nucleo di polizia tributaria della Guardia di Finanza dell'Aquila, (...) poggiava su atti e presupposti di dubbia legalità (...) (Il Messaggero, cronaca dell'Aquila, del 22 gennaio 2014, pag. 35).

A questo punto, una riflessione si impone su quanto già dichiarato dalla senatrice Pezzopane, in merito alla "trasformazione" di ciò che fu la Collabora S.p.A. in una nuova società che "ha buoni bilanci".

Per una informazione meno approssimativa su Abruzzo Engineering si consiglia la lettura dell'Atto di Sindacato Ispettivo n° 3-02511, pubblicato il 29 novembre 2011, Seduta n. 638, da parte di un altro senatore, Alfonso Mascitelli, al Ministro dell'Economia e delle Finanze:

...è verosimile che l'ipotesi su cui gli investigatori stanno ragionando è che Abruzzo Engineering possa avere rappresentato una cassaforte nella quale far entrare ed uscire mazzette e fondi neri, oltre che un serbatoio di clientele, scambi, appalti pilotati e favori politici.

La Abruzzo Engineering nasce da un sistema discutibile, da questioni eticamente censurabili, che hanno interessato la politica del passato, avendo avuto finanche sino a 265 dipendenti, assunti perlopiù in maniera clientelare e senza un reale know how. Una delle vicende più torbide nella storia della Regione Abruzzo, un carrozzone clientelare. Un'azienda in liquidazione per un presunto deficit di 19 milioni di euro, costruita in sfregio ai finanziamenti pubblici, di tutti i cittadini contribuenti.

In questi giorni, si stanno registrando le primizie di una campagna elettorale tutta puntata sulle annose problematiche occupazionali.

L'ex parlamentare UDC Rodolfo De Laurentiis sarebbe disponibile a prestare il proprio sostegno a

Luciano D'Alfonso. Pare che già abbia in mente una sua lista nella quale potrebbe trovare posto anche il nome di Enrico Verini, già consigliere comunale del capoluogo e, soprattutto, dipendente della Abruzzo Engineering.

Ed è proprio nell'ampio bacino del celebre "carrozzone clientelare" costruito in sfregio ai finanziamenti pubblici di tutti gli abruzzesi posto in liquidazione volontaria e risanato nei conti dal governatore Chiodi dopo avere accollato allo Stato tutti gli oneri dal 2010 a oggi, si starebbe cercando di conquistare voti e preferenze per la presa di uno scranno dell'Emiciclo.

E che il progetto sia stato già avviato è confermato da alcune cene e incontri che si sono già tenuti nei giorni scorsi

Chi scrive è un precario abruzzese:

Senatrice Pezzopane, come cittadino e contribuente esigo una spiegazione sui buoni bilanci di cui lei ha dichiarato pubblicamente.

il *PANE* e *le rose*
(25 Marzo 2014)

https://www.pane-rose.it/files/index.php?c3:o42954

Nuovi arresti per il Sistri

Un'altra bufera in arrivo in Abruzzo

"Entro quest'anno, l'Abruzzo sarà interamente cablato".

Ottaviano Del Turco

In uno stretto giro di subappalti (Finmeccanica-Selex Se.Ma.-Sediin-Abruzzo Engineering), il progetto Sistri, sulla tracciabilità dei rifiuti, è stato affidato in parte alla società Abruzzo Engineering. I dipendenti dell'azienda abruzzese sono stati impiegati fuori regione per un periodo di circa cinque mesi. Da metà ottobre 2009 fino ai primi di marzo 2010, fra Nepi e Castellammare di Stabia. Le attività consistevano nel formattare delle chiavette usb. Un lavoro durato appena un mese e mezzo.

Poi, come riferiscono fonti interne della Selex (http://www.linkiesta.it/indagini-e-accuse-mr-rifiuti-imbarazza-la-prestigiacomo),

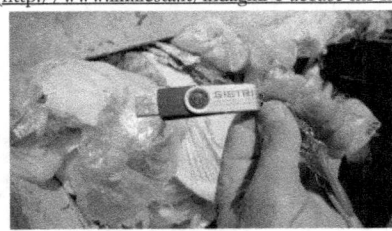 partner industriale della Abruzzo Engineering, i lavori si sarebbero bloccati lasciando senza occupazione la forza lavoro comunque impiegata e trasferita ogni settimana da una regione all'altra, in un contesto palesemente antieconomico, considerando anche le relative spese di vitto e alloggio.

158

Come nasce Abruzzo Engineering? Nel 2006, Ottaviano Del Turco, forte dell'amicizia dell'allora presidente e amministratore delegato di Finmeccanica, Pierfrancesco Guarguaglini, dà vita a una società pubblica con lo scopo di ridurre il digital divide nel territorio abruzzese (60% Regione Abruzzo, 30% Finmeccanica, partner industriale, attraverso la controllata Selex Service Management e 10% Provincia dell'Aquila).

Dopo gli arresti eccellenti del 2008, tra cui quello di Lamberto Quarta, presidente e Ad di Abruzzo Engineering, la società accusa il colpo lasciando sul tappeto spese per decine di milioni di euro di fondi comunitari destinati alle attività legate alla realizzazione di un anello per la banda larga, mai realizzato. Il successore di Del Turco, l'attuale governatore dell'Abruzzo, Gianni Chiodi, come socio di maggioranza, nel dicembre del 2010 ha messo in liquidazione la società, a causa delle inchieste giudiziarie e di una richiesta milionaria di danni da parte di Finmeccanica, che rivendica il pagamento di lavori effettuati per la banda larga, mai attivata.

 A ridosso e solo per coincidenza con le elezioni del 25 maggio per il rinnovo della Giunta Regionale abruzzese, il presidente uscente, Gianni Chiodi ha siglato un progetto per abbattere il digital divide. Un gap tecnologico che affliggerebbe i cittadini e i pensieri del governatore a caccia di una riconferma all'Emiciclo.

Una regione all'avanguardia nella telematica, una rete veloce come lampi per tutti pure sul Gran Sasso e tutta questa grassa grossa grazia tecnologica di bit che colano, solamente grazie alla Abruzzo Engineering, che allestirà l'anello per abbattere le barriere informatiche... così parlò la prima volta Ottaviano Del Turco.

Con orgoglio abruzzese, con la grinta del lupo e la prestanza di un orso marsicano, Chiodi butta sul tavolo l'accordo sottoscritto con Fastweb. Un contratto di trasporto dei dati tra le sedi regionali, sottoscritto, attraverso Consip, utilizzando l'anello in fibra ottica di proprietà dell'Ente Regione. Guarda caso, proprio quello che doveva essere realizzato da Abruzzo Engineering nel 2006.

La promessa - sempre casualmente a ridosso delle elezioni e dello scandalo "Rimborsopoli" - è questa: "Entro quest'anno, l'Abruzzo sarà interamente cablato".

Cabla, che ti passa!

Fanpage.it

25 MARZO 2014

https://autori.fanpage.it/digital-divide-gap-e-pantalone/

Digital Divide, Gap e Pantalone

Ancora una nota sulla regione ormai nota per "Mandrilleide" e "Rimborsopoli". Le recenti vicissitudini raccontate dalle cronache su Finmeccanica, Selex Se.Ma. e il progetto Sistri sulla tracciabilità dei rifiuti speciali che doveva partire nel 2010 e tutt'oggi ancora fermo sui blocchi di partenza hanno avuto rimandi anche sull'Abruzzo.

Come farà l'Abruzzo a superare il "digital divide", cioè il gap digitale che affligge i territori non raggiunti dalla banda larga?

Bisogna risalire indietro negli anni fino al maggio del 2012, quando nel corso di un convegno organizzato dal Comitato regionale per le comunicazioni, attraverso la provvidenziale partecipazione di un celebre comico, si riuscì ad attrarre l'attenzione della Regione sulla necessità di accelerare sulla digitalizzazione e gli investimenti sulla banda larga.

"C'è tutto il nostro impegno a farlo", dichiarò allora il governatore, "ma purtroppo in Abruzzo si è già investito molto e male nella banda larga. Avevamo a disposizione 40 milioni di euro dall'Europa che sono stati sperperati dal carrozzone politico di Abruzzo Engineering, così alla fine il progetto è costato 110 milioni di euro ed è stato fatto davvero poco".

Comunicazione e democrazia passano nella cruna della trasparenza nella pubblica amministrazione quanto un cammello abbeverato. Così facendo, sarebbe problematico ricostruire un rapporto di fiducia tra politica e cittadini.

A due anni dall'incontro con l'attore Giobbe Covatta, il presidente uscente e aspirante rientrante seppure indagato della Regione Abruzzo, Gianni Chiodi, ha siglato a ridosso delle elezioni per il rinnovo della Giunta del 25 maggio 2014 un accordo con Fastweb attraverso Consip per il trasporto dei dati tra le sedi regionali, utilizzando l'anello in fibra ottica di proprietà dell'Ente Regione. Una promessa di abbattimento del digital divide entro l'anno, "nello spirito rivoluzionario di internet che ha cambiato il mondo, il modo di fare politica, economia e di essere società. In questa accezione l'Abruzzo entra nel XXI secolo".

Amen!

Ora, che un politico coetaneo di Bill Gates e testimone più o meno lucido dei tempi che corrono in questi anni '20, abbia colto con inesprimibile ritardo l'importanza della rete nella scambievolezza tra i popoli, non è certo cosa consolante ma, a dirla con il maestro Manzi, di certo non sarà e non dovrebbe essere mai troppo tardi.

Solo lo scorso anno, il 7 per cento della popolazione abruzzese era fuori dalla connessione della banda larga e, secondo quanto passa per la testa del governatore, entro la fine del 2014, grazie a tutte le attività poste in essere dalla Regione – si tenga a mente l'accordo con Fastweb – si riuscirà nell'impresa di abbattere le ultime differenze digitali nei più reconditi territori dell'Abruzzo.

Una regione non più in ritardo ma all'avanguardia nei processi di digitalizzazione della Pubblica amministrazione. Un modello per il XXI secolo non solo sotto il profilo della organizzazione, della banda larga, ma anche sul piano della competitività finanziaria.

Sempre secondo il pensiero di Chiodi, l'Abruzzo oggi sarebbe una regione normale, che combatte contro una crisi violentissima che tuttavia avrebbe registrato nell'ultimo quadrimestre una disoccupazione più bassa di quella delle Marche.

Ecco di seguito, i dati statistici ufficiali dell'ISTAT: Tecnicamente, gli occupati sono le persone che nel periodo preso in considerazione abbiano svolto almeno un'ora di lavoro che preveda un corrispettivo monetario o in natura.

Alla fine del 2008, gli occupati in Italia erano 23.405.000. Alla fine del 2013, 22.420.000. Nell'ultimo quinquennio la perdita di occupazione è stata pari al -4,21%. Alla fine del 2008 gli occupati in Abruzzo erano 518.000.

Nel 2013, gli occupati in Abruzzo erano 490.000. Sempre nell'ultimo quinquennio, la perdita di occupazione è stata pari al -5,41%. Fatti i conti, forse della serva, il presidente Chiodi risulterebbe responsabile di una ulteriore perdita del 1,20% di occupati abruzzesi.

Se li si contasse, ammonterebbero – i disoccupati – a 6.200 persone finite sul lastrico.

Ancora una nota sulla regione ormai nota per

"Mandrilleide" e "Rimborsopoli". Le recenti vicissitudini raccontate dalle cronache su Finmeccanica, Selex Se.Ma. e il progetto Sistri sulla tracciabilità dei rifiuti speciali che doveva partire nel 2010 e tutt'oggi ancora fermo sui blocchi di partenza hanno avuto rimandi anche sull'Abruzzo.

Alle solite, associazione per delinquere e corruzione.

Sarebbero stati costituiti fondi neri all'estero costituiti attraverso un sistema di false fatturazioni e fatturazioni gonfiate tra la Selex Service Management e diverse società affidatarie "compiacenti" finalizzati al pagamento di tangenti destinate ai vertici del gruppo industriale.

Dalle carte dell'inchiesta spunta anche l'ipotesi di tangenti destinate a "sponsor politici" dei vertici del gruppo Finmeccanica. Maurizio Stornelli ha riferito di notizie a suo dire apprese da Nicola Lobriglio, titolare della società Sediin, che avrebbe ottenuto subappalti dal gruppo industriale. Lobriglio gli avrebbe raccontato che "tramite Borgogni aveva provveduto a finanziare con i soldi delle commesse ricevute da Finmeccanica i suoi sponsor politici, e segnatamente l'onorevole Lorenzo Cesa".

La Abruzzo Engineering, società in liquidazione dal

dicembre 2010 a causa di un deficit di 19 milioni di euro, negli anni 2009/2010 si è occupata in subappalto proprio del progetto Sistri, inviando parte del proprio personale in missioni fuori regioni. A Nepi (VT), presso gli stabilimenti della Sediin e a Castellammare di Stabia, alle dirette dipendenze dell'imprenditore Francesco Paolo Di Martino.

AgoraVox Italia
mercoledì 26 marzo 2014
https://www.agoravox.it/Digital-Divide-Gap-e-Pantalone.html
Digital Divide, Gap e Pantalone

Una nota sulla regione ormai nota per "Mandrilleide" e "Rimborsopoli". Le recenti vicissitudini raccontate dalle cronache su Finmeccanica, Selex Se.Ma. e il progetto Sistri sulla tracciabilità dei rifiuti speciali che doveva partire nel 2010 e tutt'oggi ancora fermo sui blocchi di partenza hanno avuto rimandi anche sull'Abruzzo.

Come farà l'Abruzzo a superare il "digital divide", cioè il gap digitale che affligge i territori non raggiunti dalla banda larga?

Bisogna risalire indietro negli anni, fino al maggio del 2012, quando nel corso di un convegno organizzato dal Comitato regionale per le comunicazioni, attraverso la provvidenziale partecipazione di un celebre comico, si riuscì ad attrarre l'attenzione della Regione sulla necessità di accelerare sulla digitalizzazione e gli investimenti sulla banda larga.

"C'è tutto il nostro impegno a farlo", dichiarò allora il governatore, "ma purtroppo in Abruzzo si è già investito molto e male nella banda larga. Avevamo a disposizione 40 milioni di euro dall'Europa che sono stati sperperati dal carrozzone politico di Abruzzo Engineering, così alla fine il progetto è costato 110 milioni di euro ed è stato fatto davvero poco".

Comunicazione e democrazia passano nella cruna della trasparenza nella pubblica amministrazione quanto un cammello abbeverato. Così facendo, sarebbe problematico ricostruire un rapporto di fiducia tra politica e cittadini.

A due anni dall'incontro con l'attore Giobbe Covatta, il presidente uscente e aspirante rientrante, seppure indagato della Regione Abruzzo, Gianni Chiodi ha siglato a ridosso delle elezioni per il rinnovo della giunta del 25 maggio 2014, un accordo con Fastweb attraverso Consip per il trasporto dei dati tra le sedi regionali, utilizzando l'anello in fibra ottica di proprietà dell'Ente Regione.

Una promessa di abbattimento del digital divide entro l'anno: "Nello spirito rivoluzionario di internet che ha cambiato il mondo, il modo di fare politica, economia e di essere società. In questa accezione l'Abruzzo entra nel XXI secolo". Amen! Ora, che un politico coetaneo di Bill Gates e testimone più o meno lucido dei tempi che corrono in questi anni '20, abbia colto con inesprimibile ritardo l'importanza della rete nella scambievolezza tra i popoli, non è certo cosa consolante ma, a dirla con il maestro Manzi, di certo non sarà e non dovrebbe essere mai troppo tardi.

Solo lo scorso anno, il 7% della popolazione abruzzese era fuori dalla connessione della banda larga e, secondo quanto passa per la testa del governatore, entro la fine del 2014, grazie a tutte le attività poste in essere dalla Regione - si tenga a mente l'accordo con Fastweb - si riuscirà nell'impresa di abbattere le ultime differenze digitali nei più reconditi territori dell'Abruzzo.

Una regione non più in ritardo ma all'avanguardia

nei processi di digitalizzazione della Pubblica amministrazione. Un modello per il XXI secolo non solo sotto il profilo dell'organizzazione della banda larga, ma anche sul piano della competitività finanziaria.

Sempre secondo il pensiero di Chiodi, l'Abruzzo oggi sarebbe una regione normale, che combatte contro una crisi violentissima che tuttavia avrebbe registrato nell'ultimo quadrimestre una disoccupazione più bassa di quella delle Marche.

Ecco di seguito, i dati statistici ufficiali dell'ISTAT: Tecnicamente, gli occupati sono le persone che nel periodo preso in considerazione abbiano svolto almeno un'ora di lavoro che preveda un corrispettivo monetario o in natura.

Alla fine del 2008, gli occupati in Italia erano 23.405.000. Alla fine del 2013, 22.420.000. Nell'ultimo quinquennio la perdita di occupazione è stata pari al 4,21%. Alla fine del 2008 gli occupati in Abruzzo erano 518.000.

Nel 2013, gli occupati in Abruzzo erano 490.000. Sempre nell'ultimo quinquennio, la perdita di occupazione è stata pari al 5,41%. Fatti i conti, forse della serva, il presidente Chiodi risulterebbe responsabile di un'ulteriore perdita del 1,20% di occupati abruzzesi. Se li si contasse, ammonterebbero – i disoccupati – a 6.200 persone finite sul lastrico.

Ancora una nota sulla regione ormai nota per "Mandrilleide" e "Rimborsopoli". Le recenti vicissitudini raccontate dalle cronache su Finmeccanica, Selex Se.Ma. e il progetto Sistri sulla tracciabilità dei rifiuti speciali che doveva partire nel 2010 ed è tutt'oggi ancora fermo sui blocchi di partenza, hanno avuto rimandi anche sull'Abruzzo. Alle solite, associazione a delinquere e corruzione. Sarebbero stati costituiti fondi neri all'estero costituiti attraverso un sistema di false fatturazioni e fatturazioni gonfiate tra la Selex Service Management e diverse società affidatarie "compiacenti" finalizzati al pagamento di tangenti destinate ai vertici del gruppo industriale.

Dalle carte dell'inchiesta spunta anche l'ipotesi di tangenti destinate a "sponsor politici" dei vertici del gruppo Finmeccanica. Maurizio Stornelli ha riferito di notizie a suo dire apprese da Nicola Lobriglio, titolare della società Sediin, che avrebbe ottenuto subappalti dal gruppo industriale. Lobriglio gli avrebbe raccontato che "tramite Borgogni aveva provveduto a finanziare con i soldi delle commesse ricevute da Finmeccanica i suoi sponsor politici, e segnatamente l'onorevole Lorenzo Cesa".

L'Abruzzo Engineering, società in liquidazione dal dicembre 2010 a causa di un deficit di 19 milioni di euro, negli anni 2009/2010 si è occupata in subappalto proprio del progetto Sistri, inviando parte del proprio personale in missioni fuori regioni. A Nepi (VT), presso gli stabilimenti della Sediin e a Castellammare di Stabia, alle dirette dipendenze dell'imprenditore Francesco Paolo Di Martino.

Blasting News
31 marzo 2014 09:41

https://it.blastingnews.com/tecnologia/2014/03/abruzzo-engineering-il-minestrone-di-gianni-chiodi-0079331.html

Abruzzo Engineering: il minestrone di Gianni Chiodi

E Chiodi brinda con la brocca in mano colma della salubre acqua di Bussi: la nuova "Terra dei fuochi" Nel 2007 - cascasse il mondo - cablare l'intero territorio abruzzese sarebbe stata sicuramente intesa come una locuzione, una parola d'ordine di grande peso. L'impresa di conquistarsi in soli tre anni l'ultimo miglio dell'utente finale con una infrastruttura di rete a banda larga basata sull'integrazione tra wired e wireless.

La Abruzzo Engineering S.C.p.A. si propose allora di offrire servizi avanzati nell'ambito di e-government, sistemi di sicurezza ambientale e territoriale assieme al partner industriale Selex Service Management di Finmeccanica, presente nel pacchetto azionario della società consortile.

Un appalto di circa 90 milioni di euro da gestire in tempi utili di concretizzazione. La strategia per raggiungere l'obiettivo consisteva nel mettere a sistema le cose già esistenti e raggiungere intese con società pubbliche come Infratel, che ha compiti assegnati di infrastrutturazione della banda larga; e con società private, Fastweb e Telecom, le quali potrebbero mostrarsi interessate a offrire servizi.

Infatti, in una intervista de "il Centro" del 27 maggio 2012 il presidente della Regione Abruzzo, Gianni Chiodi, chiarì: "Purtroppo in Abruzzo si è già investito molto e male nella banda larga. Avevamo a disposizione 40 milioni di euro dall'Europa che sono stati sperperati dal carrozzone politico di Abruzzo Engineering, così alla fine il progetto è costato 110 milioni di euro (occhio che erano 90 i milioni nel 2007, n.d.r.) ed è stato fatto davvero poco".

Aspettarsi molto, comunque sarebbe stato

azzardato da parte di un amministratore ben conscio di cosa aveva fra le mani. Sul Sole 24 Ore del 31 gennaio del 2012, in una conversazione con Roberto Galullo, Chiodi sbotta su Abruzzo Engineering definendola un'azienda che, oltre a essere incapace di assolvere al proprio ruolo, ha sul libro paga dipendenti assunti perlopiù in maniera clientelare e senza un reale know how.

A ridosso e casualità con le elezioni del 25 maggio 2014 sul rinnovo della Giunta Regionale abruzzese, il presidente uscente Gianni Chiodi ha siglato un progetto per (ri)abbattere il digital divide.

Il gap tecnologico che affligge ancora i cittadini e i pensieri del governatore, dopo 7 anni e 110 milioni di euro buttati al vento.

Con l'orgoglio dell'abruzzese forte e gentile, la grinta del lupo e la prestanza di un orso marsicano, Chiodi butta sul tavolo l'accordo sottoscritto con Fastweb. Un contratto di trasporto dei dati tra le sedi regionali, sottoscritto attraverso Consip, utilizzando l'anello in fibra ottica di proprietà dell'Ente Regione.

Guarda caso, proprio quello che doveva essere realizzato da Abruzzo Engineering che - giusto per non farsi mancare niente - negli anni 2009/2010 si è pure occupata in subappalto del progetto Sistri, inviando parte del proprio personale in missioni fuori regioni. A Nepi (VT), presso gli stabilimenti della Sediin e a Castellammare di Stabia, alle dirette dipendenze dell'imprenditore Francesco Paolo Di Martino.

Comunque sia, entro quest'anno l'Abruzzo sarà interamente cablato.

Questo è certo. E Chiodi brinda in prima pagina all'affare con la brocca in mano colma della salubre acqua di Bussi: la nuova "Terra dei fuochi". Grande l'euforia fra i produttori di acque minerali in bottiglia.

Fanpage.it
3 APRILE 2014
https://autori.fanpage.it/il-discorso-dell-urna-e-la-carezza-del-presidente/

Il discorso dell'urna e la carezza del presidente

Convenzionalmente, per "domani" s'intende il giorno immediatamente successivo a oggi. Se lo ripeti, si crea l'infinito.

Due bandiere appoggiate ai lati di un banchetto e uno striscione dove si leggeva a malapena una scritta…

Non sei credibile

Questo lo scenario del siparietto allestito a

174

Martinsicuro, una cittadina di mare ai confini tra l'Abruzzo e le Marche. All'uscita di un convegno sull'erosione sulla costa, il presidente della Regione Abruzzo è sbucato dalle quinte per chiedere spiegazioni ai contestatori. Per nulla soddisfatto, dopo la reprimenda si è congedato dal manifestante lasciandogli una carezza sulla guancia sinistra e il ricordo di un discorso preelettorale. Nell'imbastire sogni senza un riparo sicuro, si creano bisogni al freddo. Tornando a casa, troverete i bambini.

Date una carezza ai vostri bambini e dite: questa è la carezza del presidente che, grazie a una gestione amministrativa illuminata e virtuosa, è riuscito a pareggiare i conti della sanità senza tagliare i servizi, non ha aumentato le tasse a parte quell'accisa sulla benzina per il buco della sanità, abbattuto i costi della politica e pure il debito pubblico della Regione Abruzzo di circa il 14% cioè da 4 miliardi a 3.2 miliardi, eliminato il vitalizio dei consiglieri regionali dopo aver ridotto le indennità, cancellato circa 250 poltrone, tagliato i compensi ai componenti dei Cda, ridotto il numero dei dipendenti regionali, assorbito le agenzie regionali Arssa, Aptr, Abruzzo Lavoro, ridotto i consorzi, eliminato le comunità montane al livello del mare, posto in liquidazione società ed enti in deficit come la Sir, l'Aret e la Abruzzo Engineering, di cui di quest'ultima la maggior parte dei dipendenti continua a lavorare a spese dello Stato non più della Regione e gli altri in cassa integrazione da quattro anni. Troverete qualche lacrima d'asciugare, dite una parola buona: il presidente è con noi a ottimizzare energie e risorse secondo una scala di priorità orientata al bene dei cittadini, specialmente nelle ore della tristezza e dell'amarezza.

Nonostante che molti avessero dovuto interrompere il loro lavoro per conquistare le poltrone che il potere dispensa, sui volti dei politici si descrive una finezza di muscoli rilassati che tendono inconfondibilmente a una forma di soddisfacimento:

la sensazione di essere chiamati ad adempiere a un compito sociale di gran peso

Se a quei leader, quelli che contano di meno, qualcuno gli avesse domandato come mai si stimassero superiori alla maggioranza degli altri uomini, di certo non avrebbero saputo rispondere, non avendo mai, loro stessi, dimostrato di

possedere meriti impareggiabili.

Ché forse solo il fatto di sapere far di conto sui bilanci oppure vestire abiti acquistati nei negozi migliori possa costituire un motivo valido di preminenza di classe? No, di certo. E se anche si abbigliassero modestamente, ogni modestia su quei corpi mutati da una autorità falena, si annullerebbero.

Eppure, di questa superiorità sembra abbiano una coscienza profonda. Specialmente quando si concedono nell'accettare come dovute le attestazioni di rispetto, per poi offendersi giammai gli venissero negate.

Ogni tempo è tempo giusto per l'amministratore scaltro quando si tratta di usare una locuzione tipo:
Il fare e il far fare

Tanto pare sia oggi in uso toscano. Un verbo da coniugare nel modo indicativo del tempo futuro semplice. Convenzionalmente, per "domani" s'intende il giorno immediatamente successivo a oggi. Se lo ripeti, si crea l'infinito. Leopardi lo capì prima. I governanti, ci campano da sempre. La poesia non fa presa su chi amministra la cosa pubblica.

I racconti di fantasia, quelli sì che piacciono

Brulicanti comparsate, nello sfinimento degli incontri pubblici, messe in scena prima delle elezioni, per appoggiare o appoggiarsi, se conviene, ad astuzie con cui l'abile amministratore disegna e ridisegna l'utopia. Ed è ancora domani – a parte la convenzione temporale – che il politicante reciterà al proprio elettorato il consueto rosario sgranando, fra l'indice e il pollice, la corona delle idee. Una kermesse da copione sciupato, per proiettare innovative dinamiche di sviluppo. Elettori invitati a diventare – giusto il tempo della campagna elettorale – interpreti di un imparagonabile processo di cambiamento.

Chi avrebbe mai pensato di avere delle responsabilità oltre che dei diritti nei confronti di politici ricompensati dai contribuenti?

Nell'imbastire sogni senza un riparo sicuro, si creano bisogni al freddo

Blasting News
07 aprile 2014 17:00

https://it.blastingnews.com/opinioni/2014/04/ego-absolvo-me-cinque-anni-dopo-0082091.html

Ego absolvo me cinque anni dopo

Se ho peccato, l'ho fatto con pensieri e parole indegne. Non nei fatti. E perciò, io mi assolvo.

La realtà non mi garba, preferisco la mia fantasia. E non è detto che tutto questo m'impedisca d'informarmi su fatti e cronache d'attualità.

Cinque anni dopo il sisma che ha colpito l'Abruzzo e distrutto L'Aquila e il suo cuore, mi perdo a riflettere sopra tumultuose dichiarazioni all'indomani della fatale ricorrenza.

Voci dense palpitanti che invocano attenzioni. Laceranti e appassionanti rogiti morali a giovani che non dovranno mai dimenticate di avere contribuito a ridare vita a una città in attesa della resurrezione.

Redento da parole semplici, senza finti pudori la mia confessione la rimando pubblicamente in questo atto di provvisorietà su certi miei pensieri e intenti cattivi. Sopraffatti e sconfitti per tutta la vita da semplici articoli di spalla.

Nei meandri più reconditi della mia mente politicamente diabolica, sospettavo da tempo potessero celarsi pensieri irriferibili.

Per esempio, desiderare di riassettare le sorti economiche della mia famiglia implorando interventi sussidiari di amici benestanti e molto influenti nella politica. Salvarsi così dal default, nel desiderio di rendere quanto prima il favore.

Guadagnarmi una laurea in uno di quegli atenei noti

per il do ut des e riservarmi una nicchia professionale in un angolo buio della provincia italiana. Con una faccia da ripulire, che sembra pulita perché così a caso ha voluto la natura, scendere in politica sponsorizzato da lobby massoniche in attesa di un bug, alla maniera degli hacker, nella rete stracciata degli affari politici.

Quelli poco chiari. E, una volta raggiunte posizioni di rilievo nel panorama inquietante del potere, cominciare finalmente a fare man bassa di rimborsi e quant'altro infischiandomene e schernendomi della ripercussione giudiziale.

Peculato, truffa e falso. Farmi rimborsare con i soldi pubblici dei contribuenti notti in albergo con l'amante, meglio se in una città d'arte, per poi liquidare la storia di corna con una bella promozione sul lavoro al terzo incomodo.

Trascorrere i fine settimana, alla faccia di quei disperati senza occupazione e neppure un letto, nei centri benessere gettando alle ortiche il denaro piovutomi dal cielo per stanze da 500 euro a botta.

Soprattutto, esagerare durante il periodico ripetersi delle utili missioni istituzionali, ospitando in alberghi a 4 stelle - sempre e comunque a spese dei contribuenti - quattro cinque sei donne. Incassare viaggi e favori, regali e mazzette da costruttori senza scrupoli ai quali all'occorrenza sarà saggio affidare appalti pilotati.

Che tutte queste fantasie siano reati o no, sarà giusto compito dei tribunali stabilirlo. Se sia un comportamento etico, a decidere saranno gli elettori. Tanto, di quest'ultimi si sa bene come ricattarli. Ringrazio il cielo d'essere stato redento dalle parole. Il mio cuore ammalato d'ingordigia è guarito. Altrimenti, la perdizione avrebbe spalancato in me povero tapino l'antro immondo degli abissi dell'immoralità.

Se ho peccato, l'ho fatto con pensieri e parole indegne.

AgoraVox Italia
mercoledì 9 aprile 2014

https://www.agoravox.it/Ego-absolvo-me-cinque-anni-dopo.html

Ego absolvo me cinque anni dopo

Se ho peccato, l'ho fatto con pensieri e parole indegne. Non nei fatti. E perciò, io mi assolvo.

La realtà non mi garba, preferisco la mia fantasia. E non è detto che tutto questo m'impedisca d'informarmi su fatti e cronache d'attualità.

Cinque anni dopo il sisma che ha colpito l'Abruzzo e distrutto L'Aquila, il suo cuore, mi perdo a riflettere sopra tumultuose dichiarazioni all'indomani della fatale ricorrenza. Voci dense e palpitanti che invocano attenzioni. Laceranti e appassionanti rogiti morali a giovani che non dovranno mai dimenticate di avere contribuito a ridare vita a una città in attesa della resurrezione.

Redento da parole semplici, senza finti pudori la mia confessione la rimando pubblicamente in questo atto di provvisorietà su certi miei pensieri e intenti cattivi. Sopraffatti e sconfitti per tutta la vita da semplici articoli di spalla.

Nei meandri più reconditi della mia mente politicamente diabolica, sospettavo da tempo potessero celarsi pensieri irriferibili. Per esempio, desiderare di riassettare le sorti economiche della mia famiglia implorando interventi sussidiari di amici benestanti e molto influenti nella politica. Salvarsi così dal default, nel desiderio di rendere quanto prima il favore.

Guadagnarmi una laurea in uno di quegli atenei noti per il do ut des e riservarmi una nicchia professionale in un angolo buio della provincia italiana. Con una faccia da ripulire, che sembra pulita, perché così a caso ha voluto la natura, scendere in politica sponsorizzato da lobby massoniche in attesa di un bug, alla maniera degli hacker, nella rete stracciata degli affari politici.

Quelli poco chiari. E, una volta raggiunte posizioni di rilievo nel panorama inquietante del potere, cominciare finalmente a fare man bassa di rimborsi e quant'altro, infischiandomene e schernendomi della ripercussione giudiziale.

Peculato, truffa e falso. Farmi rimborsare con i soldi pubblici dei contribuenti notti in albergo con l'amante, meglio se in una città d'arte, per poi liquidare la storia di corna con una bella promozione sul lavoro al terzo incomodo. Trascorrere i fine settimana, alla faccia di quei disperati senza occupazione e neppure un letto, nei centri benessere gettando alle ortiche il denaro piovutomi dal cielo per stanze da 500 euro a botta.

Soprattutto, esagerare durante il periodico ripetersi delle utili missioni istituzionali, ospitando in alberghi a 4 stelle - sempre e comunque a spese dei contribuenti - quattro, cinque, sei donne. Incassare viaggi e favori, regali e mazzette da costruttori senza scrupoli ai quali all'occorrenza sarà saggio affidare appalti pilotati.

Che tutte queste fantasie siano reati o no, sarà giusto compito dei tribunali stabilirlo. Se sia un comportamento etico, a decidere saranno gli elettori. Tanto, di quest'ultimi si sa bene come ricattarli.

Ringrazio il cielo d'essere stato redento dalle parole. Il mio cuore ammalato d'ingordigia è guarito. Altrimenti, la perdizione avrebbe spalancato in me povero tapino l'antro immondo degli abissi dell'immoralità.

Se ho peccato, l'ho fatto con pensieri e parole indegne.

Non nei fatti. E perciò, io mi assolvo.

9 anni sono stata dirottata in un'altra scuola perché il mio posto doveva essere ricoperto da una superdotata di alt(r)e conoscenze e rigorosamente in possesso della sola licenza di terza media, come la moglie di Cetto La Qualunque. Dapprima, avevo 18 ore settimanali che si sono ridotte piano piano a 14 per fare largo a giovani donne avvenenti. L'anno appresso, le ore si riducono drasticamente a 12 settimanali perché non c'è più posto per me, donna ormai priva di accessori che solo la giovinezza concede in comodato d'uso".

E aggiunge, per concludere:

"Undici anni di professionalità, di serio impegno, posti e accomodati con garbo senza cortesia in una panchina dimessa con 12 ore settimanali, pari a 360 euro al mese di stipendio. Durante una delle solite campagne elettorali, nel febbraio 2013, un noto politico della mia zona, oculatamente controllata dalla mafia bianca, in una riunione all'interno della cooperativa per cui lavoro, ha tirato fuori da un cilindro usato una magia stanca da circo Barnum. L'immancabile promessa di un avanzamento di livello e conseguente gratifica economica se l'urna avesse premiato l'invocato di turno".

Povera signora. La pagliacciata della riunione ha reso a lei e alle sue colleghe un abbassamento del livello d'assunzione. Da assistente educatrice a operatore socio assistenziale. Tutto ciò, affinché la cooperativa Onlus potesse aggiudicarsi un appalto per le scuole superiori giocando sulla pelle dei lavoratori. Semplice come bere un bicchiere d'acqua. E chi te la nega in Italia l'acqua?! Il sindacato pare sia deciso questa volta a dissotterrare l'ascia di guerra. Ma non troppo. Forse a scorgere appena il manico. Chissà! Vale la pena scavare tanta terra per la riconquista di un diritto acquisito? Molti dipendenti hanno aderito. Di più quelli che si sono ritirati.

In Abruzzo, si vota a maggio. Sul tavolo della

trattativa sono state già imbandite succulente promesse preelettorali pronte a squagliare al sole di giugno.

Blasting News
09 aprile 2014 09:34

https://it.blastingnews.com/opinioni/2014/04/attenzione-al-sole-di-giugno-per-chi-lavora-nelle-onlus-0082505.html

Attenzione al sole di giugno per chi lavora nelle onlus

Meglio non essere oggetto di bontà, poiché è bello essere soggetti di diritti.

Qual è quel Paese dove imperversano miriadi di cavallette con il lampeggiatore rosso acceso per aprire varchi che nessuno si sognerebbe mai di sbarrare? Senza alcun dubbio, la risposta è il Paese di Bengodi. Nessuna burla ai danni dei creduloni, ma la pietra che rende invisibile, l'elitropia, pare proprio l'abbiano trovata i calandrini delle onlus.

Non sarebbe ammissibile assoggettare un bene non negoziabile come la salute a variabili dipendenti e non definite. Ai portatori di handicap andrebbe sempre ripetuto di alzare la testa e drizzare le orecchie. Di non cronicizzare la propria dipendenza, di fuggire da quella gabbia di reciproca strumentalizzazione.

186

Sarebbe meglio non essere oggetto di bontà, neanche di quella vera, poiché è bello essere soggetti di diritti, padroni e gestori della qualità della propria vita.

Onlus che truffa. Ristoranti, alberghi, santoni, club erotici. Oltre 3 mila finte organizzazioni no profit sono state scoperte in tre anni ("Onlus che truffa", di Gianni Del Vecchio e Stefano Pitrelli, "L'Espresso" del 15 ottobre 2007).

Altre frodi spuntano ovunque. Per rubare fondi o evadere le tasse. Ai danni del fisco e dei veri volontari. Un segnale arriva dritto da una assistente educatrice dequalificata. Una signora e madre di famiglia di 52 anni, precaria che a bella posta casca a fagiolo come pedina di società che usano indisturbati e come vogliono denaro pubblico.

Racconta lei stessa delle proprie vicissitudini lavorative:

"Ho lavorato per 9 anni in un istituto professionale, come assistente educatrice seguendo un ragazzo disabile. Dopo 9 anni sono stata dirottata ad altra scuola perché il mio posto doveva essere ricoperto da una superdotata di alt(r)e conoscenze e rigorosamente in possesso della sola licenza di terza media, come la moglie di Cetto La Qualunque.

Dapprima, avevo 18 ore settimanali che si sono ridotte piano piano a 14 per fare largo a giovani donne avvenenti.

L'anno appresso, le ore si riducono drasticamente a 12 settimanali perché non c'è più posto per me, donna ormai priva di accessori che solo la giovinezza concede in comodato d'uso".

E aggiunge, per concludere:

"Undici anni di professionalità, di serio impegno, posti e accomodati con garbo senza cortesia in una panchina dimessa con 12 ore settimanali, pari a 360 euro al mese di stipendio. Durante una delle solite campagne elettorali, nel febbraio 2013, un noto politico della mia zona, oculatamente controllata dalla mafia bianca, in una riunione all'interno della cooperativa per cui lavoro, ha tirato fuori da un cilindro usato una magia stanca da circo Barnum.

L'immancabile promessa di un avanzamento di livello e conseguente gratifica economica se l'urna avesse premiato l'invocato di turno".

Povera signora. La pagliacciata della riunione ha reso a lei e alle sue colleghe un abbassamento del livello di assunzione. Da assistente educatrice a operatore socio assistenziale. Tutto ciò, affinché la cooperativa onlus potesse aggiudicarsi un appalto per le scuole superiori giocando sulla pelle dei lavoratori.

Semplice come bere un bicchiere d'acqua.

E chi te la nega in Italia l'acqua?! Il sindacato pare sia deciso questa volta a dissotterrare l'ascia di guerra. Ma non troppo. Forse a scorgere appena il manico. Chissà! Vale la pena scavare tanta terra per la riconquista di un diritto acquisito? Molti dipendenti hanno aderito. Di più quelli che si sono ritirati. A maggio si vota e sul tavolo della trattativa ci sono promesse succulente pronte a squagliare al sole di giugno.

AgoraVox Italia
giovedì 24 aprile 2014
https://www.agoravox.it/Abruzzo-Engineering-e-l-impresa.html

Abruzzo Engineering e l'impresa del fare

Il 23 aprile 2014, il PM della procura della Repubblica di Avezzano (L'Aquila), Roberto Savelli, ha disposto, confermando le accuse, l'avviso di chiusura delle nuove indagini nei confronti dell'ex assessore regionale di centrodestra alla Protezione civile Daniela Stati e di altri 4 indagati, nell'ambito dell'inchiesta di circa 4 anni fa per presunte tangenti legate alla società Abruzzo Engineering.

Da Abruzzo Web leggiamo: "Dieci giorni di cassa

integrazione per circa 100 lavoratori della società Abruzzo Engineering in servizio presso il Comune dell'Aquila e il Genio Civile". Nonostante che molti dovranno interrompere il loro lavoro, e di questo se ne lamentino, tuttavia, dai comunicati stampa, si avverte una specie di soddisfazione, che nasce dalla coscienza di essere chiamati a compiere un importante lavoro sociale.

E i cassintegrati di "lungo corso" (4 anni di CIG), tacciati vilmente dall'immancabile "Radio Serva" di spontaneità nell'immolarsi agli ammortizzatori sociali, che cosa dovrebbero dire?

"Se qualcuno gli avesse chiesto perché si stimava superiore alla maggioranza degli altri uomini, non avrebbe saputo rispondere, non avendo mai dimostrato in tutta la sua vita di possedere meriti speciali" (Lev Tolstoj).

Il 23 aprile 2014, il PM della procura della Repubblica di Avezzano (L'Aquila), Roberto Savelli, ha disposto, confermando le accuse, l'avviso di chiusura delle nuove indagini nei confronti dell'ex assessore regionale di centrodestra alla Protezione civile Daniela Stati e di altri 4 indagati, nell'ambito dell'inchiesta di circa 4 anni fa per presunte tangenti legate alla società Abruzzo Engineering.

Secondo le accuse, la Stati avrebbe fatto pressioni sul presidente della Regione, Gianni Chiodi, per modificare un'ordinanza della presidenza del Consiglio per far rientrare la società regionale Abruzzo Engineering tra quelle qualificate per le pratiche della ricostruzione del post-sisma dell'Aquila

Nelle contestazioni la procura ricostruisce anche le pressioni di Stati "tramite una serie reiterata di telefonate a Gianni Chiodi" per far rientrare tra le società richiamate nell'ordinanza del presidente del consiglio dei ministri per esaminare le domande di concessione di contributi presentate dai privati ai fini della ricostruzione, anche Abruzzo Engineering, partecipata al 30% dal socio privato Selex.

"La modifica è stata poi introdotta qualche giorno dopo con l'ordinanza del 15 settembre 2009".

Un dettaglio non trascurabile sarebbe proprio la proroga, o rinnovo che sia, della convenzione tra USRA e Abruzzo Engineering, che doveva scadere il 31 marzo 2014 e che starebbe minando la possibilità di lavoro agli idonei del concorsone "Ripam Abruzzo". Cioè, di tutti quei giovani che si sono fatti a pezzi sui libri per vedersi poi sorpassati da tecnici provenienti dalle "ultime spiagge" offerte dalle graduatorie stilate negli uffici di collocamento. Ed è proprio nell'ampio bacino del celebre "carrozzone clientelare", Abruzzo Engineering, costruito in sfregio ai finanziamenti pubblici di tutti gli abruzzesi, posto in liquidazione volontaria e risanato nei conti dal governatore Chiodi dopo avere accollato allo Stato tutti gli oneri dal 2010 a oggi, si starebbe cercando di conquistare voti e preferenze per la conquista di uno scranno dell'Emiciclo. Più in alto sta un uomo sulla scala sociale, più è grande il numero delle persone alle quali è legato, tanto maggiore è il potere che ha sugli altri e tanto più sono evidenti la designazione e l'imprevedibilità di ognuna delle sue azioni.

il PANE e le rose
(1° Maggio 2014)

https://www.pane-rose.it/files/index.php?c3:o43278

#direzionefuturo

ovvero, il proletariato di Chiodi

Complemento o complimento di moto a luogo?

"Se oggi mi trovo ad essere accompagnato da agenti della Digos, probabilmente è per i molti 'no' detti. Dei quali non mi pento e che non intendo rinnegare neppure in campagna elettorale".

#direzionefuturo, hashtag innovativo e accattivante messo a punto dagli strateghi per una fulminante campagna elettorale del presidente Gianni Chiodi.

Governatore d'Abruzzo catapultato all'Emiciclo nel 2008 da una manciata di voti, tanta astensione e, soprattutto, dalle vicissitudini del suo predecessore, Ottaviano Del Turco, arrestato il 14 luglio del 2008 assieme ad altri componenti della Giunta di allora.

L'uscente Gianni Chiodi sta ora affilando le armi di "distrazione di massa".

Con una lettera spedita in replica a un editoriale del direttore del quotidiano "Il Centro", il governatore svela il perché da diversi giorni vive sotto scorta:

"Se oggi mi trovo ad essere accompagnato da agenti della Digos, probabilmente è per i molti 'no' detti. Dei quali non mi pento e che non intendo rinnegare neppure in campagna elettorale".

E raddoppia l'affilatura della lama con un post su Facebook imponendosi dinanzi al proprio elettorato con posture da affabulatore, quasi quanto una "Lilli Gruber" dei poveri:

"Dissi nel 2008 che l'Abruzzo non sarebbe stata la regione più tassata d'Italia, né quella più indebitata. Dissi pure che avremmo messo a posto la Sanità abruzzese che era fallita nel 2007; dissi che avremmo chiuso carrozzoni (vezzeggiativo da tenere a mente, n.d.r.) e eliminato il famoso listino elettorale; dissi che avremo ridotto i compensi dei consiglieri e cancellato il vitalizio; dissi che avrei messo regole e controlli nella sanità privata e combattuto i poteri forti che avevano saccheggiato l'Abruzzo. Ebbene, oggi posso dire che, per gran parte, la missione è compiuta".

Ed è proprio nell'ampio bacino del celebre "carrozzone clientelare", Abruzzo Engineering, costruito in sfregio ai finanziamenti pubblici di tutti gli abruzzesi, posto in liquidazione volontaria e risanato nei conti dal governatore Chiodi dopo avere accollato allo Stato (http://www.agoravox.it/Non-pagheranno-gli-abruzzesi-ma.html) tutti gli oneri dal 2010 a oggi, che le istituzioni locali dell'Aquila hanno cercato e trovato il personale cui offrire in affidamento attività inerenti la ricostruzione post-sisma.

"Il 13 maggio 2013, l'Ufficio Speciale per la Ricostruzione e Abruzzo Engineering S.p.a. hanno firmato una "Convenzione per l'affidamento di attività di cui all'Intesa tra l'Ufficio Speciale, il Comune e la Provincia di L'Aquila, 2 maggio 2013 e alla determinazione n. 27 del 08/05/2013 dell'Ufficio Speciale per la Ricostruzione" al fine di ripristinare temporaneamente un supporto agli uffici del Comune dell'Aquila, per soddisfare le maggiori esigenze derivanti dalla situazione emergenziale, e agli uffici presso la Provincia dell'Aquila, per provvedere con la massima celerità all'istruttoria dei progetti di competenza del Genio Civile" (http://www.usra.it/ricostruzione/abruzzo-engineering-2/). N°60 unità al Comune dell'Aquila, N°50 unità Provincia dell'Aquila (http://www.usra.it/wp-content/uploads/2013/09/convenzione-abruzzo-engineering.pdf). E tutto questo, in barba ai partecipanti risultati idonei, non vincitori, al concorsone "Ripam Abruzzo". Cioè, di tutti quei giovani che si sono fatti a pezzi sui libri per vedersi poi sorpassati da tecnici provenienti dalle "ultime spiagge" di graduatorie di disoccupazione stilate negli uffici di collocamento. Chissà se Chiodi, presidente uscente - e chissà se rientrante -, per #direzionefuturo non intenda più che il "complemento" di moto a luogo, un erroneo "complimento" inteso nella forviante nobiltà di dirigere l'avvenire degli abruzzesi dal podio di una grande orchestra?! L'inutilità dell'astuzia di fronte alla perspicacia sembrerebbe così dimostrata.

AgoraVox Italia
martedì 13 maggio 2014
https://www.agoravox.it/Chiodi-in-Abruzzo-il-Piave-mormora.html

Chiodi: in Abruzzo il Piave mormora il 25 maggio

Passata la strizza per Millennium bug, un problemino informatico che incombeva sulla mezzanotte del 31 dicembre 1999, l'allora presidente della Regione Abruzzo, Giovanni Pace, si accomodava sulla poltrona facendo leva sui braccioli una volta entrato nella Casa delle Libertà di Berlusconi per amministrare la cosa pubblica e governare su più di un milione di cittadini forti e gentili.

La sua presidenza durò cinque anni, fino all'aprile del 2005 quando il giorno 22 gli subentrò l'ex sindacalista della CGIL, Ottaviano Del Turco, neoeletto con tutta L'Unione del Centro Sinistra. Dopo appena 39 mesi di governo, 219 anni dopo la Presa della Bastiglia, il 14 luglio 2008, il nuovo governatore fu arrestato dalla Guardia di Finanza insieme a una decina di assessori, ex-assessori, consiglieri e alti funzionari, con l'accusa di associazione per delinquere, truffa, corruzione e concussione.

Allertato, il sindaco piacente di Teramo si dimise dalla carica di primo cittadino per avventurarsi nella conquista dello scranno più alto dell'Emiciclo abruzzese. Gianni Chiodi, indicato e voluto dal leader del PdL, vinse le elezioni e da quel giorno così fausto per la sua carriera politica non ha avuto che un chiod... ehm, solo un obiettivo fisso da raggiungere: scrollare di dosso dall'Abruzzo quel lurido sostantivo aggettivante che l'aveva inzuppato di fango a causa dello sfacelo dei conti che non tornavano.

L'Abruzzo di Chiodi non sarebbe stato più indicato come "regione canaglia". Questa la promessa fatta agli inizi del suo mandato. Oggi, l'intenzione a meta per Gianni il combattente, tanto caro al Cavaliere disarcionato d'Arcore, è quella di tentare di bissare successo e consensi 99 anni e un giorno dopo il mormorio del Piave.

Attore consumato nel tenere la scena, diede prova del suo talento in una storica stretta di mano con Obama, che ancora adesso lo inorgoglisce agli occhi degli amici virtuali sul suo profilo di Facebook.

"Abbiamo ereditato una regione allo sbando, con una sanità praticamente fallita. Abbiamo lavorato duramente per rimetterla sui giusti binari. E ci siamo riusciti. Questa è la verità".

Avvincente la presa sul pubblico, l'entrata in scena dell'aspirante a un governatorato mai ottenuto da nessuno per due volte consecutive. Presidenti uscenti o arrestati che fossero. Uno spot elettorale che quasi ipnotizza se non fosse per certe battute che arrivano dopo.

Nell'approfondire i fatti elencati da Chiodi si apprende di una Regione che per decenni ha speso molto di più di quello che si poteva permettere e molto di più di quelle che erano le sue entrate. L'Abruzzo ha aumentato il suo debito tanto che nel 2000 era di 500 milioni e nel 2008 era arrivato a 4 miliardi.

E allora adesso ci vuole la serva per fare due conti al volo. Secondo quanto proclamato nel video dal presidente, pare appunto che lui stesso sia in grado di individuare molte delle azioni - finanche nella consapevolezza dell'addebitamento delle responsabilità - che avrebbero costretto al disastro finanziario poi avuto in eredità.

Tolti i 3 anni della meteora Del Turco, chi ha governato la regione Abruzzo per più di un decennio è stato proprio quel Centro Destra di cui il presidente uscente è parte insostituibile, vista la ricandidatura decisa da Berlusconi con ritardo significante. Non sarebbe scorretto ipotizzare che la politica risanatrice messa in atto da Chiodi durante il suo lungo mandato non sia anche definibile come estremo gesto di auto coagulazione. Leccarsi le ferite profonde inferte dai compagni di partito che lo hanno preceduto.

D'altra natura di quelli della serva sono i conti fatti dalla CNA regionale per cercare di analizzare i dati di occupazione e impresa degli ultimi 5 anni. Una recessione senza pari del lavoro e delle imprese abruzzesi più che in altre regioni della penisola. Le ore di cassa integrazione sono cresciute vertiginosamente, le città sembrano deserte per via dell'enorme numero di negozi chiusi e i giovani sono costretti a lasciare le loro famiglie per assicurarsi un futuro all'estero.

La disoccupazione negli ultimi cinque anni è cresciuta di 27 mila unità: i disoccupati erano 36 mila nel 2008, 63 mila nel 2013. Gli occupati dipendenti che erano 378 mila nel 2008 sono scesi a 347 mila nel 2013. Sparite 31 mila unità. Le imprese sono passate da 132.511 unità del 2008 a 129.488 del 2013 evidenziando una flessione di 3.023 unità e di queste solo 1000 in Provincia di

Teramo. Quelle artigiane erano 36.319 nel 2008 e sono scese a 33.820 segnando rosso con -2.499.

Un fanalino di coda pure sull'export nonostante il basso costo dell'euro sul mercato internazionale. Il prodotto interno lordo regionale da 27.549 milioni di euro del 2008 è sceso a 24.836 milioni di euro nel 2013, con un decremento di 2.713 milioni. Le esportazioni sono passate da 7.640 milioni nel 2008 a 6.734 milioni nel 2013, con un decremento di 906 milioni pari al 12%, mentre a livello nazionale l'export ha registrato un aumento del 6%.

La stagnazione preoccupa più che nel resto d'Italia e i dati ufficiali mal s'accordano con le proclamazioni di successi inenarrabili da parte di quei politici che hanno amministrato e che ora aspettano con tormento che il Piave mormori il venticinque maggio.

il PANE e le rose
(19 Maggio 2014)

https://www.pane-rose.it/files/index.php?c3:o43458

M5S: lettera aperta alla senatrice Enza Blundo

Cara cittadina, ti scrivo...

Una società che ha ancora un centinaio di dipendenti "prestati" negli uffici tecnici del Comune e della Provincia dell'Aquila e con il resto della forza lavoro in cassa integrazione da anni. Tutto questo, nella disattesa dell'istituto della rotazione del personale.

Cara cittadina Blundo, ti scrivo.

Con beneficio d'inventario, e un anticipo di scuse nel caso in cui ciò che sto per dichiarare non dovesse corrispondere alla verità, vorrei porre l'attenzione sui "pasticci" relativi alla società partecipata Abruzzo Engineering S.C.p.A. (60% Regione Abruzzo, 30% Selex Se.Ma. di Finmeccanica e 10% Provincia dell'Aquila), posta in liquidazione dal dicembre 2010 a causa di un presunto deficit di 19 milioni di euro.

Una società che ha ancora un centinaio di dipendenti "prestati" negli uffici tecnici del Comune e della Provincia dell'Aquila e con il resto della forza lavoro in cassa integrazione da anni. Tutto questo, nella disattesa dell'istituto della rotazione del personale.

Il 23 aprile 2014, il PM della procura della Repubblica di Avezzano (L'Aquila), Roberto Savelli, ha disposto, confermando le accuse, l'avviso di chiusura delle nuove indagini nei confronti dell'ex assessore regionale di centrodestra alla Protezione civile Daniela Stati e di altri 4 indagati, nell'ambito dell'inchiesta di circa 4 anni fa per presunte tangenti legate alla società Abruzzo Engineering.

Secondo le accuse, la Stati avrebbe fatto pressioni sul presidente della Regione, Gianni Chiodi, per modificare un'ordinanza della presidenza del Consiglio per far rientrare la società regionale Abruzzo Engineering tra quelle qualificate per le pratiche della ricostruzione del post-sisma dell'Aquila.

La modifica è stata poi introdotta qualche giorno dopo con l'ordinanza del 15 settembre 2009.

Ed è proprio nell'ampio bacino del celebre "carrozzone clientelare", Abruzzo Engineering, costruito in sfregio ai finanziamenti pubblici di tutti gli abruzzesi, posto in liquidazione volontaria e risanato nei conti dal governatore Chiodi dopo avere accollato allo Stato (http://www.agoravox.it/Non-pagheranno-gli-abruzzesi-ma.html) tutti gli oneri dal 2010 a oggi, si starebbe cercando di pescare voti e preferenze per la conquista di uno scranno dell'Emiciclo.

Di recente, ho ricevuta una telefonata di un mio collega della Abruzzo Engineering, in cassa integrazione come me da più di tre anni, che ha voluto informarmi su un colloquio che ha avuto, in un incontro preelettorale, con la senatrice del

Movimento 5 Stelle, Enza Blundo.

In una domanda del mio collega, centrata sull'eventuale futuro dei dipendenti della Abruzzo Engineering e il destino delle loro famiglie, la cittadina Enza Blundo ha voluto sottolineare di avere "ricevuto ampie rassicurazioni dai dirigenti dell'azienda": "A lavorare sarebbero stati sempre ed esclusivamente i più meritevoli".

La rassicurazione offerta alla senatrice ben si coniuga su quanto dichiarato dalla stessa parlamentare in un suo post su Facebook, del 2 maggio   2013   (

https://www.Facebook.com/Enza.Blundo.Movimento5stelle/posts/588761547808945):

"E' ben noto che siano stati immessi nell'impresa Collabora Abruzzo Engineering dipendenti spinti politicamente sia dal PD che dal PDL."

La domanda è questa:

"Se finanche dal premier Renzi sono giunte "ampie rassicurazioni" sul futuro dell'occupazione in Italia, perché mai uno come me dovrebbe dare il proprio voto a dei politici che si fidano di una "semplice" dichiarazione d'intenti da parte di dirigenti o funzionari di un "carrozzone clientelare costruito in sfregio ai finanziamenti pubblici di tutti gli abruzzesi?!".

https://www.agoravox.it/E-se-Matteo-usasse-l-erba-per-lo.html

E se Matteo usasse l'erba per lo sfascio?

A volte, pure l'erba serve allo sfascio.

Ricevuta una mail da un candidato idoneo a un pubblico concorso per titoli ed esami; la si rende pubblica all'indomani di una notizia apparsa sul sito Primadanoi.it:.

Salve sono un idoneo del concorsone Ripam Abruzzo. Sono venuto a sapere della proroga (o rinnovo) della convenzione tra USRA e Abruzzo Engineering. Convenzione che doveva scadere il 31/03/2014. Visto che è molto informato sulla storia di questo carrozzone politico che, nel caso specifico, sta togliendo la possibilità di lavoro a noi idonei del concorsone, la prego di approfondire anche questa notizia. Grazie. (vedi foto allegata).

Candidato idoneo al concorsone dell'Aquila

In una 'Ultim'ora', del 27 maggio 2014 - 18:02, si apprende da Primadanoi.it:

Assunzioni nella PA. Ricostruzione L'Aquila: ancora selezioni per soli titoli. Il Comitato degli idonei al Concorsone Ripam Abruzzo protesta: perché non si pesca da lì?

I conti parlano chiaro: 36 mila partecipanti, 1730 hanno superato il concorso, 300 gli assunti. A questo punto, mettere all'indice le cronache locali in rete per conoscere scelte amministrative condivisibili. Un esempio: in provincia di Napoli nel Comune di Giugliano si è deciso di attingere dalle graduatorie degli idonei del concorsone aquilano per una assunzione a tempo indeterminato di un istruttore amministrativo.

La scelta, una giovane avvocatessa abruzzese che -  secondo quanto commentato dal Comitato vincitori e idonei del concorsone - seppure pienamente soddisfatta dell'assunzione avvenuta per il riconoscimento dei suoi meriti, avrebbe preferito mettere a disposizione la propria professionalità nel processo di ricostruzione post sisma in Abruzzo.

Il premier Renzi, forte del suo bulgaro ed europeo 41% sarà di certo a conoscenza di queste imperfezioni amministrative. Di conseguenza, dal neoeletto presidente di Regione, Luciano D'Alfonso, si aspetterà - sempre Renzi - che faccia immediatamente pulizia e spazio.

Liberare il volume occupazionale improprio riempito dai "carrozzoni clientelari", dalle società in liquidazione che continuano a operare a colpi di proroghe e decreti governativi, dalla Abruzzo Engineering e la sua impresa del fare.

Il governatore D'Alfonso avrà man forte dalla corregionale senatrice Blundo del M5S, la quale - sebbene rassicurata facilmente e anche stranamente dal fatto che a lavorare in AE sarebbero stati sempre ed esclusivamente i più meritevoli - a una domanda di un cassintegrato di 55 mesi, focalizzata sul futuro dei dipendenti della Abruzzo Engineering e il destino delle loro famiglie, la "cittadina" ha coniugato la risposta con quanto già dichiarato in un post del 2 maggio 2013 su Facebook.

È ben noto che siano stati immessi nell'impresa Collabora Abruzzo Engineering dipendenti spinti politicamente sia dal Pd che dal Pdl.

E ciò non sta a significare che bisogna fare di tutta l'erba un fascio.

Altri dipendenti del "carrozzone" hanno ottenuto attraverso un percorso istituzionale l'uscita dalle liste di disoccupazione stilate dagli Uffici Provinciali del Lavoro sul finire degli anni '90.

A volte, pure l'erba serve allo sfascio.

il PANE e le rose

(21 Giugno 2014)

https://www.pane-rose.it/files/index.php?c3:o43809

La democrazia partecipativa della senatrice Stefania Pezzopane

"Su Twitter non ti ci voglio!"

Eminente personalità di spicco, la senatrice Stefania Pezzopane è corregionale di altrettante eccellenze quali quelle del senatore Antonio Razzi, dell'indagato per la "Rimborsopoli" ed ex presidente della Regione Abruzzo, Gianni Chiodi, e del neoeletto governatore Luciano D'Alfonso.

State attenti a quello che adesso vi dico sulla senatrice Stefania Pezzopane.

Mi chiamo Copin Panolli e non sono nessuno... se per "nessuno" - nell'immaginario delle persone per bene - s'intenda una persona che sta in cassa integrazione da anni e che sopravvive a carico della collettività.

La senatrice Pezzopane, dipendente dei contribuenti, probabilmente ha preso visione di un articolo che la riguarda scritto e pubblicato da me e che riporto fedelmente di seguito proponendone il link: http://www.pane-rose.it/files/index.php?c3:o43793:e1.

Sarà a causa del contenuto del mio pezzo che la senatrice Pezzopane mi impedisce di seguire il suo account su Twitter?

Cliccate sul link e constaterete ciò che dico:
https://www.flickr.com/photos/byteramaners/14472032495/

Nel testo giornalistico pongo in evidenza le "ombre" di una società partecipata, la Abruzzo Engineering (che non è una azienda dell'Aquila, ma proprietà della Regione tutta), posta in liquidazione da anni, a causa di un presunto deficit di 19 milioni di euro, che la senatrice Stefania Pezzopane - onnipresente sui media, seppure io ignori le sue capacità di statista - addirittura vorrebbe "resuscitare" e pure innalzare agli "allori nazionali". Gli "allori" per un "carrozzone politico", come lo ha più volte definito l'ex Presidente della Regione Abruzzo, Gianni Chiodi.

Si tengano a mente queste parole ogni qualvolta si tratterà delle vicissitudini della Abruzzo Engineering, società partecipata posta in liquidazione volontaria dal dicembre 2010, a causa di un presunto deficit di 19 milioni di euro:

"Sono solamente i poveri mortali a essere tenuti in ostaggio immersi in un malaffare di cui non si distinguono gli orizzonti. E semmai ve ne fossero -

se non altro di quelli giustificabili da tanta perseveranza nel perpetrare delitti sulla cosa pubblica - di linee immaginarie più che stagliate apparirebbero dritte come rette, appoggiate sulla curvatura del mondo quanto basta per far pensare a una tangente."

il PANE e le rose
(26 Giugno 2014)

https://www.pane-rose.it/files/index.php?c3:o43853

Abruzzo: in arrivo la cassa integrazione honoris causa

Nomina ad libitum e per proprio conto
Se raccontata così, la storia diverte; intristisce, se si ascoltano le voci degli attori

"La riunione era stata programmata per martedì pomeriggio: il CICAS, comitato d'Intervento per le crisi aziendali e di settore in seduta straordinaria aveva invitato tutti i parlamentari d'Abruzzo. L'appuntamento era stato organizzato per affrontare la drammatica situazione degli ammortizzatori sociali in deroga, posta l'assenza di risorse riferite agli anni 2013 e 2014, che provoca enormi difficoltà ai lavoratori abruzzesi, così come d'altra parte sta accadendo in tutte le altre regioni d'Italia. Ma su 21 parlamentari convocati solo uno

si è presentato: la senatrice Enza Blundo del Movimento 5 Stelle"
(http://www.primadanoi.it/news/abruzzo/546940/Crisi-occupazione--parlamentari-d-Abruzzo.html).

La notizia è apparsa on-line il 6 febbraio del 2014. Appena quattro mesi dopo, lo scenario si ripete in forma farsesca per qualcuno che, scavalcando appunto il CICAS, nomina ad libitum e per proprio conto la cassa integrazione honoris causa.

Questa invece è l'avventura nella quale si è ritrovato suo malgrado protagonista un lavoratore posto in cassa integrazione ininterrottamente dal 1° gennaio 2011 fino a oggi, per conto di una partecipata pubblica messa in liquidazione a causa di un deficit milionario.

Se raccontata così, la storia diverte; intristisce, se si ascoltano le voci degli attori.

Il cassaintegrato cronico s'attacca al telefono prima, e poi al tram, per contattare l'ufficio dell'azienda da cui dipende in vista dell'ennesima scadenza trimestrale della sua cassa in deroga.

E all'incaricato chiede dove presentarsi il primo di luglio, giorno che prevederebbe il reintegro in ruolo, visto che ancora non ha ricevuto indicazioni al riguardo.

Dall'altro capo del filo, la parte che conta e staziona all'ombra di uno stipendio fisso risponde che "comunque" il cassaintegrato cronico dovrà restare a casa e non dovrà presentarsi da nessuna parte anche se la trattazione delle questioni connesse alle autorizzazioni degli ammortizzatori sociali in deroga sia ancora subordinata alla decisione del CICAS, che si riunirà - secondo quanto detto dall'incaricato della società partecipata in liquidazione - durante la prima settimana di luglio.

Come fa il tizio all'ombra a conoscere in anticipo che il cronico cassaintegrato resterà pure stavolta a casa?

Guarda il video su YouTube:
https://www.youtube.com/watch?v=M_AmwSAgL_0

AgoraVox Italia

martedì 1° luglio 2014
https://www.agoravox.it/In-Abruzzo-scoprono-la-cassa.html

In Abruzzo scoprono la cassa integrazione ad honorem

"Quamquam magni ad honorem nostrum interest quam primum ad urbe me venire, tamen peccasse videor". Cicerone

Questa è l'avventura nella quale si è ritrovato suo malgrado protagonista un lavoratore posto in cassa integrazione ininterrottamente dal 1° gennaio 2011 fino a oggi, per conto di una partecipata pubblica messa in liquidazione a causa di un deficit milionario.

Se raccontata così, la storia diverte; intristisce, se si ascoltano le voci degli attori.

Il cassaintegrato cronico s'attacca al telefono prima, e poi al tram, per contattare l'ufficio dell'azienda da cui dipende in vista dell'ennesima scadenza trimestrale della sua cassa in deroga. E all'incaricato chiede dove presentarsi il primo di luglio, giorno che prevederebbe il reintegro in ruolo, visto che ancora non ha ricevuto indicazioni al riguardo.

Dall'altro capo del filo, la parte che conta e staziona all'ombra di uno stipendio fisso risponde che "comunque" il cassaintegrato cronico dovrà restare a casa e non dovrà presentarsi da nessuna parte anche se la trattazione delle questioni connesse alle autorizzazioni degli ammortizzatori sociali in deroga sia ancora subordinata alla decisione del CICAS, che si riunirà - secondo quanto detto dall'incaricato della società partecipata in liquidazione - durante la prima settimana di luglio.

Come fa il tizio all'ombra a conoscere in anticipo che il cronico cassaintegrato resterà pure stavolta a casa?

AgoraVox Italia

mercoledì 2 luglio 2014

https://www.agoravox.it/Girotondo-di-nomi-Abruzzo.html

Girotondo di nomi: Abruzzo Engineering, Aquila Engineering, Arpa Engineering

In tempo di crisi, sono sempre i soliti fondi europei a rappresentare l'unica risorsa per le amministrazioni locali.

L'ex presidente della Commissione Bilancio del Consiglio regionale Emilio Nasuti s'interroga sul futuro del centro di ricerca di Santa Maria Imbaro.

"(…) non vorrei che tra qualche mese la Fondazione si ritrovi nella stessa situazione di uno dei più grandi disastri a firma centrosinistra: Abruzzo Engineering"

Ma quale disastro! Di certo, non per la Abruzzo Engineering.

Questa società, posta in liquidazione volontaria dal dicembre del 2010, a causa di un presunto deficit di 19 milioni di euro, continua grazie, ma soprattutto, ai tanti decreti governativi e deroghe in CIG a operare sul territorio.

Un territorio comunque ridimensionato, tanto che la stessa società partecipata pubblica si è guadagnata sul campo il nuovo nome di "Aquila Engineering". Ma a restringersi non è solamente la galassia delle partecipate, dei carrozzoni che "bruciano" 26 miliardi l'anno di denaro pubblico; ci sono punti nevralgici che riguardano l'accorpamento delle tre aziende regionali del trasporto: Arpa, Gtm e Sangritana.

In tempo di crisi, sono sempre i soliti fondi europei a rappresentare l'unica risorsa per le amministrazioni locali.

La situazione più drammatica con assonanze debitorie con la Abruzzo Engineering è quella dell'Arpa (Autolinee regionali pubbliche abruzzesi) che oltre ad avere chiuso il 2013 con milioni di euro di perdite è gravata anche da altrettanti milioni di debiti con banche e fornitori.

L'azienda sta ora attuando un piano di risanamento che prevede step ben precisi, che potrebbero confliggere con l'immediato accorpamento dell'azienda alla Gtm. A meno che la Regione non decida di ricapitalizzare l'Arpa, riconoscendole crediti non corrisposti che si quantificano in 19 milioni di euro.

Guarda caso, proprio come i 19 milioni di euro di deficit presunto che hanno condotto allo "sfasciacarrozze" il "carrozzone clientelare" (Cit. Gianni Chiodi, consigliere regionale di minoranza) della Abruzzo Engineering.

Il neo governatore d'Abruzzo, Luciano D'Alfonso,  rassicura tutti i lavoratori precari dei trasporti rivelando loro le proprie intenzioni di volere pensare a una nuova società unica dei trasporti ferro-gomma, dal nome "Abruzzo in movimento", da creare attraverso la fusione delle tre attuali società di trasporto pubblico regionale.

Un suggerimento al presidente D'Alfonso come viatico per la risoluzione della vertenza. L'Arpa è un logo storico per quanto riguarda i trasporti su gomma in Abruzzo. E Abruzzo in movimento - locuzione subliminale che evoca una stagnazione nel passato - non suona poi tanto così bene come potrebbe essere: "Arpa Engineering".

E a proposito delle varie "Engineering", che di questi tempi vanno via come il pane a riempire la bocca e la pancia solo di alcuni, si ricorda che il 30 giugno 2014 è stato il giorno della scadenza di una delle ripetute proroghe trimestrali della cassa integrazione. Il personale riposto e misurato -

secondo gli usi degli uomini neri delle pompe funebri - nelle casse degli ammortizzatori sociali si è visto commutare la solita "pena" dei 3 mesi di cassa in deroga, in un'altra più lieve: soltanto 2 mesi. E come mai accade ciò? Non sarà mica per quello strano sentore di decreto legge che il premier del "fai da te" - e i cittadini non l'Arno ancora eletto - pare stia conducendo in porto tra le nebbie, per cambiare rotta e futuro a quegli accumulatori sociali di inoccupati, che non dovranno assolutamente superare il tetto di durata di 8 mesi nel 2014? Nel frattempo, in attesa della riforma sui sussidi, chi non può contare su altre fonti di reddito farebbe bene ad attrezzarsi e fare altri buchi alla cinghia dei pantaloni.

AgoraVox Italia
venerdì 4 luglio 2014

https://www.agoravox.it/Abruzzo-Engineering-condannata-dal.html

Abruzzo Engineering condannata dal Tribunale del Lavoro

"Abruzzo Engineering è stata condannata dal tribunale del Lavoro de L'Aquila, con due diverse sentenze, praticamente identiche, a risarcire due dipendenti posti in cassa integrazione per troppe ore rispetto ai colleghi. Tra risarcimento, spese legali e interessi la somma che la società partecipata dalla Regione dovrà versare una cifra vicino a 15 mila euro".

Martedì scorso, 1° luglio 2014, AgoraVox ha pubblicato un articolo sulla discussa modalità e inconsueti criteri di scelta della Cassa Integrazione messi stranamente in atto in Abruzzo, La cassa integrazione ad honorem.

Il Tribunale del Lavoro dell'Aquila si è occupato della rotazione del personale in CIG e la notizia della condanna dell'azienda partecipata pubblica e posta in liquidazione dal dicembre 2010 è stata resa nota per prima dal sito web PrimaDaNoi.it.

Ma ancora di più delle sentenze pesano le parole del senatore Alfonso Mascitelli che, negli Atti di Sindacato Ispettivi (*) che ha presentati negli anni addietro, ha voluto ricordare le ipotesi fatte da Il Sole 24 Ore su ciò che AE avrebbe potuto rappresentare:

"Una cassaforte nella quale fare entrare e uscire mazzette e fondi neri, oltre che un serbatoio di clientele, scambi, appalti pilotati e favori politici".

Vicende accadute negli anni di maggiore floridezza quando la Regione girò, senza appalti, commesse alla Abruzzo Engineering, che tuttavia non aveva competenze e strutture tali da poter espletare i progetti che venivano affidati direttamente a Selex Se.Ma, partner tecnologico nella società mista.

Alla fine di giugno, è stato posto agli arresti domiciliari Pier Francesco Guarguaglini, l'ex presidente di Finmeccanica, con l'accusa di associazione per delinquere e corruzione, nelle indagini che riguardano il progetto Sistri; il sistema di tracciabilità dei rifiuti affidato nel dicembre 2009 a un'azienda del gruppo, la Selex Service management spa, partner tecnologico al 30% della partecipata pubblica in liquidazione, Abruzzo Engineering.

Il Sistri è il sistema di tracciabilità dei rifiuti voluto dal Ministero dell'Ambiente e affidato a Selex Se.Ma., azienda di Finmeccanica. Ed è sui costi per la realizzazione dell'ambizioso progetto, al quale la Abruzzo Engineering ha preso parte, che l'inchiesta si concentra, documentando anche le strane trasferte dei tecnici della società abruzzese costretti a lavorare lontano dalle proprie sedi, in aule universitarie di vecchi conventi, spesso restando senza fare nulla per mesi interi. Lavorazioni commissionate ad aziende senza il Nulla Osta di Sicurezza come invece avrebbe previsto il contratto d'appalto siglato con Selex Se.Ma. e misteriosamente posto sotto segreto, motivo per cui l'azienda ha ottenuto la commessa senza alcuna gara pubblica. Qui il servizio di Report. Questa Abruzzo Engineering ha indubbiamente un qualcosa di Sistri che inquieta e insospettisce i contribuenti... (*) - Legislatura 16, Atto di Sindacato Ispettivo n° 3-01576, pubblicato il 21 settembre 2010, Seduta n° 425; Legislatura 16, Atto di Sindacato Ispettivo n° 3-02511, pubblicato il 29 novembre 2011, Seduta n° 638; Legislatura 16, Atto di Sindacato Ispettivo n° 3-03185, pubblicato il 29 novembre 2012, Seduta n° 846.

il PANE e le rose
(9 Luglio 2014)
https://www.pane-rose.it/files/index.php?c3:o43967

Il Tribunale condanna Abruzzo Engineering a risarcire i dipendenti in casa integrazione

Questa partecipata ha indubbiamente qualcosa di Sistri che inquieta e insospettisce i contribuenti...

"Abruzzo Engineering è stata condannata dal tribunale del Lavoro de L'Aquila, con due diverse sentenze, praticamente identiche, a risarcire due dipendenti posti in cassa integrazione per troppe ore rispetto ai colleghi. Tra risarcimento, spese legali e interessi la somma che la società partecipata dalla Regione dovrà versare una cifra vicino a 15 mila euro" (http://www.primadanoi.it/news/abruzzo/551351/Troppa-cassa-integrazione-a-dipendenti-.html).

Pierfrancesco Pier Francesco Guardaglini

Il Tribunale del Lavoro dell'Aquila si è occupato della rotazione del personale in CIG e la notizia della condanna dell'azienda partecipata pubblica e posta in liquidazione dal dicembre 2010 è stata resa nota per prima dal sito web PrimaDaNoi.it.

Ma ancora di più delle sentenze pesano le parole del senatore Alfonso Mascitelli che, negli Atti di Sindacato Ispettivi (*) che ha presentati negli anni addietro, ha voluto ricordare le ipotesi fatte da Il Sole 24 Ore su ciò che AE avrebbe potuto rappresentare:

"Una cassaforte nella quale fare entrare e uscire mazzette e fondi neri, oltre che un serbatoio di clientele, scambi, appalti pilotati e favori politici".

Vicende accadute negli anni di maggiore floridezza quando la Regione girò, senza appalti, commesse alla Abruzzo Engineering, che tuttavia non aveva competenze e strutture tali da poter espletare i progetti che venivano affidati direttamente a Selex Se.Ma, partner tecnologico nella società mista.

Alla fine di giugno, è stato posto agli arresti domiciliari (http://www.ilsole24ore.com/art/notizie/2014-06-30/fondi-neri-sistri-domiciliari-guarguaglini-091559.shtml) Pier Francesco Guarguaglini, l'ex presidente di Finmeccanica, con l'accusa di associazione per delinquere e corruzione, nelle indagini che riguardano il progetto Sistri; il sistema di tracciabilità dei rifiuti affidato nel dicembre 2009 a un'azienda del gruppo, la Selex Service management spa, partner tecnologico al 30% della partecipata pubblica in liquidazione, Abruzzo Engineering.

Il Sistri è il sistema di tracciabilità dei rifiuti voluto dal Ministero dell'Ambiente e affidato a Selex Se.Ma., azienda di Finmeccanica. Ed è sui costi per la realizzazione dell'ambizioso progetto, al quale la Abruzzo Engineering ha preso parte (http://www.primadanoi.it/news/spesa-pubblica/528567/E-Chiodi-disse-a-Selex---fai-lavorare-anche-Abruzzo-Engineering-come-se-non-fosse-in-house-.html), che l'inchiesta si concentra, documentando anche le strane trasferte dei tecnici della società abruzzese costretti a lavorare lontano dalle proprie sedi, in aule universitarie di vecchi conventi, spesso restando senza fare nulla per mesi interi.

Lavorazioni commissionate ad aziende senza il Nulla Osta di Sicurezza come invece avrebbe previsto il contratto d'appalto siglato con Selex Se.Ma. e misteriosamente posto sotto segreto, motivo per cui l'azienda ha ottenuto la commessa senza alcuna gara pubblica.

Questa partecipata ha indubbiamente qualcosa di Sistri che inquieta e insospettisce i contribuenti...

(*) - Legislatura 16, Atto di Sindacato Ispettivo n° 3-01576, pubblicato il 21 settembre 2010, Seduta n° 425; Legislatura 16, Atto di Sindacato Ispettivo n° 3-02511, pubblicato il 29 novembre 2011, Seduta n° 638; Legislatura 16, Atto di Sindacato Ispettivo n° 3-03185, pubblicato il 29 novembre 2012, Seduta n° 846.

Blasting News
09 luglio 2014 21:53

https://it.blastingnews.com/opinioni/2014/07/buonismo-in-politica-pertini-non-era-un-pezzo-pane-00110054.html

Buonismo in politica: Pertini non era un pezzo pane

Il reporter deve essere circospetto per stabilire quello che bisogna dire e quello che è meglio nascondere.

Continua a fare scalpore, a suscitare curiosità, "l'amicizia affettuosa" tra un ex spogliarellista frequentatore degli studi televisivi degli "Uomini e donne" della De Filippi e la senatrice Stefania Pezzopane, già anch'essa antica frequentatrice di trasmissioni targate Mediaset, come l'indimenticabile partecipazione al "Chiambretti Night" su "Italia 1", durante la quale non mancò di elogiare l'operato di Berlusconi in Abruzzo, nel dopo sisma:

"Il Presidente del Consiglio si è comportato bene. Io l'ho criticato quando ha esagerato, perché quando ha consegnato 300 case, gli ho ricordato che gli sfollati sono 30mila, quindi tra 300 e 30mila c'è un po' di differenza... Però va apprezzato per quello che ha fatto insieme a tanti altri" (Mediaset, Le dichiarazioni di Stefania Pezzopane al "Chiambretti Night" - 22/10/2009).

La senatrice ha pubblicato diversi selfie sui social affabulando cronisti e lettori con il resoconto fotografico dei propri legami di affetto e amicizia. Legami che la stessa Pezzopane non esita a definire molto importanti e con tenere chiose - parole messe insieme con toni suggestivi e vagamente adolescenziali - quando ammette di non avere alcuna sorta di timore nel rendere pubbliche le proprie relazioni, sia che riguardino il lavoro oppure la vita privata: "Le amicizie possono evolversi o fermarsi".

E fermiamoci qui, ché è meglio.

Maupassant scriveva che gli echi di cronaca sono la spina dorsale del giornale. In ciò che oggi mascheriamo nelle sembianze del gossip bisogna sapere insinuare con indifferenza una notizia suggerita. Il bisogno del sottinteso per lasciare liberi di indovinare. Confutare la voce messa in giro in modo tale che poi trovi una naturale conferma, dare per certo l'incerto cosicché nessuno creda al fatto raccontato.

Il reporter deve essere circospetto e bardato di furberia per scoperchiare e stabilire quello che bisogna dire e quello che è meglio nascondere. Questa destrezza consentirà al cronista di sortire sul pubblico l'effetto pianificato e confezionare su misura un pezzo che funzioni.

Nella chiacchiera stampata bisogna che ognuno trovi qualche riga che lo interessi. Così è che si vendono i giornali al bar. Scrivere di tutto per tutti. Per la classe sociale che si sente in alto e per quella sottomessa. Alla grande metropoli, alla provincia, al clero e all'università, ai magistrati e alle escort. Maupassant le avrebbe chiamate cortigiane.

Chi ha letto e apprezzato Guy de Maupassant sa già

di quanto un giornale possa metamorfosarsi per intensificazione in percezioni della realtà, delle più disparate. In un calo di palpebra, un quotidiano diventa informale, cattolico, liberale, repubblicano; oppure, perché no, semplicemente "una torta di crema" piuttosto che un bazar da quattro soldi. Giganti dell'editoria impegnati soltanto a sostenere operazioni in borsa, affari di ogni genere.

Praticamente, imparare a navigare con i fondi dello Stato e sui bassifondi della politica, proprio come si fa ancora di questi tempi e a distanza di oltre un secolo dall'ultimo post su carta dell'autore di "Bel-Ami".

E semmai oggi vi fossero nascosti fra i fronzoli di un ambiente acido i portatori di un germe utile alla rinascita di una nuova resistenza, non sarebbe inutile domandarsi su quali basi potrebbe fondarsi questo nuovo, importante, ineluttabile e pacifico rivolgimento culturale.

"Ecco l'appello ai giovani: di difendere queste posizioni che noi abbiamo conquistato; di difendere la Repubblica e la democrazia. E cioè, oggi ci vuole due qualità a mio avviso cara amica: l'onestà e il coraggio. L'onestà… l'onestà… l'onestà. E quindi l'appello che io faccio ai giovani è questo: di cercare di essere onesti, prima di tutto. La politica deve essere fatta con le mani pulite. Se c'è qualche scandalo; se c'è qualcuno che dà scandalo; se c'è qualche uomo politico che approfitta della politica per fare i suoi sporchi interessi, deve essere denunciato senza alcun timore!" (Sandro Pertini).

Di diversa levatura, l'appello della senatrice Stefania Pezzopane al neo eletto presidente della Regione Abruzzo, Luciano D'Alfonso:

"Mi auguro che questa sia la volta buon per assicurare un futuro alla società. La precedente amministrazione ha fatto di tutto per mortificare Abruzzo Engineering e i suoi lavoratori, considerandoli ingiustamente un carrozzone inutile a carico della Regione Abruzzo" (Abruzzoweb, "Abruzzo Engineering: Pezzopane a D'Alfonso, serve rilancio", 18 giugno 2014).

Il cronista guardingo, dopo queste dichiarazioni politiche, ha l'obbligo di richiamare alla memoria la storia societaria della "Abruzzo Engineering". Una società partecipata, già nota alle cronache, posta in liquidazione dal dicembre del 2010, a causa di un presunto deficit di 19 milioni di euro. Tanto guardingo - sempre il cronista - da non tralasciare di evidenziare per quali nobili battaglie si sta accoratamente spendendo in questi giorni la senatrice Stefania Pezzopane.

La società Abruzzo Engineering è stata già condannata dal tribunale del Lavoro dell'Aquila, con due diverse sentenze, praticamente identiche, a risarcire due dipendenti posti in cassa integrazione per troppe ore rispetto ai colleghi ('Primadanoi', 3 luglio 2014). Ma ancora di più delle sentenze pesano le parole del senatore Alfonso Mascitelli che, negli Atti di Sindacato Ispettivi (*) che ha presentati negli anni addietro, ha voluto ricordare le ipotesi fatte da "Il Sole 24 Ore" su ciò che AE avrebbe potuto rappresentare: una cassaforte nella quale fare entrare e uscire mazzette e fondi neri, oltre che un serbatoio di clientele, scambi, appalti pilotati e favori politici. Vicende accadute negli anni di maggiore floridezza quando la Regione ha girato, senza appalti, commesse alla Abruzzo Engineering, che tuttavia non aveva competenze e strutture tali da poter espletare i progetti.

(*) - Legislatura 16, Atto di Sindacato Ispettivo n° 3-01576, pubblicato il 21 settembre 2010, Seduta n° 425; Legislatura 16, Atto di Sindacato Ispettivo n° 3-02511, pubblicato il 29 novembre 2011, Seduta n° 638; Legislatura 16, Atto di Sindacato Ispettivo n°

3-03185, pubblicato il 29 novembre 2012, Seduta n°
846.

Blasting News
10 luglio 2014 21:56
https://it.blastingnews.com/opinioni/2014/07/il-miracolo-dell-unto-in-un-romitorio-
moderno-00110325.html

Il miracolo dell'unto in un romitorio moderno

Ed è così che si finisce per odiare la propria
esistenza.

Una vita che non si vuole più vivere.

C'è ogni volta, sempre nello stesso mondo incantato
delle favole, una persona ospite di eleganti cene, con
gente famosa e facoltosa seduta a tavola. E ora, il
protagonista di un certo ambiente, ha deciso di
continuare la sua esistenza in modo più semplice,
dopo essere stato un punto di riferimento per avere
preso parte a festini di compleanni inventati assieme
a vecchi barzellettieri bestemmiatori. In certi
ambienti miserevoli tutto è un susseguirsi di
clangori imbarazzanti di dentiere montate su
vegliardi schiumosi di saliva colante e infiammata.

Ed è così che si finisce per odiare la propria
esistenza. Una vita che non si vuole più vivere.

"Volevo essere altro...", racconta la persona che
oggi si è ritirata in uno sperduto chiostro di devoti,

in un bosco irreale. I vestiti costosi e le scarpe di lusso. L'illusione del passato. Adesso, solamente un semplice abito bianco a coprire le vergogne. Una scelta risolutiva. Voltare pagina nell'attraversamento della propria esistenza. Anche una pecorina smarrita, in preda alla consapevolezza può avvertire a un certo punto la voglia di una botta e via a una realtà di cui non si riesce più di godere pienamente. Ammosciata, la pecorina si isola volutamente per dedicarsi ad altre e imponenti dimensioni, nel raccoglimento, prendendoselo tutto per sé, il romitorio, nel quale dimorerà in futuro, gemendo, sospirando in un solo afflato, in calore con i compagni pellegrini che, come arbitri accorsi per un imperdonabile fallo, giungeranno ansimanti al talamo anelato.

Tenebre impetuose nel chiasso di un'insonnia immersa negli incubi del priapismo precipitante in una recurvatio progressiva a mortificare le reminiscenze di persecutorie performance, alle quali la povera pecorina era costretta a corrispondere disgustata, irretita dalle promesse di danari sonanti dei soliti di turno. Notabili di una certa età, affabili, divertenti, dall'eloquio debordante, ma assonante ai gusti del popolo sovrano, di un paese disincantato che comunque, a parte vizi e virtù, non ci va sempre per il sottile quando si tratta della pagnotta e, volendo, ci si fa pure scrivere "Giocondo" in fronte, tanto importante poi sia soprattutto guadagnarci qualcosa di striscio.

La lubrificazione dei cardini infilati nelle toppe rendono sicurezza e insufficienza di movimento pendulo nel romitorio, affinché l'apertura regga allo sfregamento costante dovuto alla transitorietà del desiderio di oltrepassare quella soglia, che conduce altrimenti all'impotenza di soddisfare voglie inconfessabili.

Questa è la calamità che affligge il mondo incantato, avviato ineluttabilmente nei baratri della stagnazione. E a ognuno il suo, se si vuole ancora evitare ulteriori perdite e scuotere liquidi, che andrebbero ad alimentare crescite non desiderate perché inattese in grembi asciutti. La lubrificazione, il miracolo dell'unto.

il PANE e le rose
(14 Luglio 2014)
https://www.pane-rose.it/files/index.php?c3:o44035

Abruzzo Engineering: chi liquida i liquidatori?
"Abruzzo engineering: slitta assemblea dei soci, liquidatori confermati o no?"

Chi sarebbe la mela marcia? Quali sarebbero le competenze di chi ha formulato una frase concettualmente più adatta a un agronomo che a un amministratore pro tempore di una società in liquidazione a causa di un presunto deficit di 19 milioni di euro di fondi pubblici e che si vorrebbe pure continuare a tenere in vita?

"Abruzzo engineering: slitta assemblea dei soci, liquidatori confermati o no?" (http://www.abruzzoweb.it/contenuti/abruzzo-engineering-slitta-assemblea--dei-soci-liquidatori-confermati-o-no/550307-22/)

Insomma, chi liquida i liquidatori?

Un quesito da porre immediatamente e rigorosamente per telefono al signor Wolf, colui il quale ha la mission di risolvere problemi. Almeno, così vorrebbe la leggenda hollywoodiana creata da Harvey Keitel nel film Pulp Fiction. Un personaggio che seppure non di primaria rilevanza gli riesce sempre di sembrare di svolgere al meglio il suo lavoro grazie a una personalità cinica e distaccata.

Si apprende, dunque, dalle dichiarazioni riportate nell'articolo pubblicato da Abruzzoweb.it, che la società Abruzzo Engineering è una partecipata al 60% dalla Regione Abruzzo, al 30% da

Finmeccanica attraverso quella Selex Service Management nota alle cronache per il progetto Sistri e al 10% dalla provincia dell'Aquila, già posta in liquidazione il 2 dicembre 2010 a causa di un presunto deficit di 19 milioni di euro, per volontà determinante dell'allora governatore Gianni Chiodi, il quale volle riassumere – sempre secondo quanto riportato da Abruzzoweb.it – la situazione dell'azienda come "una storia torbida e un carrozzone del partito democratico".

Quindi pare di capire che qui si stia trattando – sempre secondo quanto riportato da Abruzzoweb.it – di stabilire per una seconda volta la data fattibile affinché l'assemblea dei soci e il collegio dei liquidatori che amministra una società in liquidazione possa finalmente esprimersi sui futuri assetti societari di un "carrozzone" (Cit. Gianni Chiodi).

E chissà se il "carrozzone" Abruzzo Engineering, dalla "torbida storia", in tutti questi anni non si sia disfatto di quella zavorra, del "marciume" addebitatogli da uno dei liquidatori, il signor Vincenzo Genovesi, il quale, con una propria dichiarazione on-line sul sito "ilCapoluogo.it", nel lontano 5 aprile del 2011, delineava oppure alludeva alla presenza di una "mela marcia", all'interno dell'azienda di cui già egli stesso era incaricato di liquidare?

5 aprile 2011, h 13:27, sul sito "ilCapoluogo.it", in un articolo firmato da Sarah Porfirio, si legge la seguente dichiarazione del Genovesi:

(...) «sul piano della liquidazione, purtroppo, non possiamo mettere la grande professionalità dei dipendenti. È logico, la mela marcia c'è sempre, ma la responsabilità e la professionalità dei lavoratori è riconosciuta da noi e dalla nostra committenza». (...)

La pagina web non è più da chi scrive rintracciabile in rete ma, ai tempi, ci si è premurati saggiamente di eseguire una stampa in formato PDF e una copia della notizia, nella quale si paventava l'esistenza di una "mela marcia" fra i dipendenti della Abruzzo Engineering.

Un dipendente della Abruzzo Engineering esige come lavoratore e, soprattutto, come cittadino contribuente che venga fatta immediatamente chiarezza sulla logicità di una "infelice" locuzione del liquidatore:

(...) è logico, la mela marcia c'è sempre (...)

Chi sarebbe la mela marcia? Quali sarebbero le

competenze di chi ha formulato una frase concettualmente più adatta a un agronomo che a un amministratore pro tempore di una società in liquidazione a causa di un presunto deficit di 19 milioni di euro di fondi pubblici e che si vorrebbe pure continuare a tenere in vita?

Servirebbe, a questo punto, un chiaro segnale di rettitudine da parte della nuova politica abruzzese.

AgoraVox Italia
mercoledì 13 agosto 2014

https://www.agoravox.it/La-senatrice-Stefania-Pezzopane-si.html

La senatrice Stefania Pezzopane si scopre paladina dei meno deboli

Il Messaggero, 11 agosto 2014

Grande e immenso il Renzi première pensée, l'amico di tutti gli scout e di chi poi di lui se la sentisse di fare scouting. In un film di Sean Penn, La promessa, tratto dal romanzo di Dürrenmatt, non si trascura di rimarcare tutti quei totem della borghesia contrapponendo alla raziocinante spietatezza del capitalismo la contraddittorietà delle possibilità e l'incombente probabilità di uno sconvolgimento sociale. Un tema assai caro allo scrittore svizzero, che ha voluto rimarcarne i tratti in un altro dei suoi racconti: La visita della vecchia signora.

L'abusato apologo renziano del "ho tanta (80)  voglia di regalare euro" a chi già ne ha abbastanza tanti da spenderli in "stronzate effimere", pur di tentare di rilanciare i consumi, invece di darli ai "morti di fame" che, inevitabilmente, li userebbero - meschini - per le bollette, senza reali ripercussioni sull'economia reale... non vale la pena ripeterlo ancora. Il solito gioco delle tre carte.

Chi sembra non capire è la senatrice Stefania Pezzopane. Un politico locale abruzzese, balzato alle cronache (assieme al datore di mano al Barack Obama delle Americhe, il commercialista Gianni Chiodi, ex governatore consigliere di minoranza oggi) grazie e purtroppo al sisma che nel 2009 martoriò la città dell'Aquila.

Apparentemente e ininfluenti amministratori della cosa pubblica - data la scarsezza di rilevanza nell'esposizione mediatica nazionale - nelle pieghe burocratiche che aggrediscono i cittadini, i quali se li sono visti imporre durante le ultime consultazioni elettorali, continuano imperterriti a "pontificare" attraverso pagine e pagine delle cronache locali indifferenti alle obiezioni prodotte con la disperazione lacerante che solo il grido sordo e immerso in una solitudine troppo rumorosa (Cit. Bohumil Hrabal) può rendere reale.

Alla vigilia di ferragosto, la senatrice Pezzopane, con un messaggio a chiare lettere, ha voluto rassicurare, sul loro futuro lavorativo, i tanti precari d'annata impiegati negli uffici tecnici del Comune e della Provincia dell'Aquila. Tra questi, molti dipendenti della Abruzzo Engineering.

Le parole della renziana doc non lasciano dubbi sull'interpretazione:

"Il lavoro per la nuova legge sulla ricostruzione sta andando avanti e quando, a breve, verrà all'Aquila il Presidente Matteo Renzi, saremo a buon punto per la presentazione. Il testo di legge sicuramente valuterà con attenzione tutte le situazioni dei precari che lavorano negli enti locali e negli uffici speciali, nell'ambito della ricostruzione".

"Le polemiche servono solo ad armare gli uni contro gli altri i lavoratori, speculando, in zona Cesarini e in maniera spregiudicata, su timori e speranze. È facile strumentalizzare la precarietà. Più difficile è fare cose concrete. Le proroghe concesse finora ai precari sono il risultato dei miei emendamenti in Senato. Se non li avessi fatti, oggi oltre 100 persone avrebbero perso il loro posto di lavoro".

"In ogni caso, tutto sarà fatto nell'ambito delle maglie concesse dalle norme esistenti. Norme a cui il legislatore non può sottrarsi"

Il Messaggero dell'11 agosto 2014

E ci mancherebbe altro, fare il tutto a dispetto della normativa vigente! Questo ci manca... Ci manca?

Un problema sottinteso, ma non tanto e piuttosto sottovoce, è quello della rotazione dei lavoratori posti in cassa integrazione. La rotazione si rende necessaria per non gravare con la riduzione delle retribuzioni soltanto su alcuni lavoratori. E, comunque, non sarebbe un problema secondario il fine subdolo di porre un freno a eventuali iniziative datoriali finalizzate a liberarsi di quei dipendenti di solito etichettati come scomodi.

Queste problematiche rimandano a commi e lemmi, 7 e 8 dell'art. 1 della legge n. 223 del 1991.

"I criteri di individuazione dei lavoratori da sospendere nonché le modalità della rotazione prevista nel comma 8, devono formare oggetto delle comunicazioni e dell'esame congiunto previsti dall'art. 5 della legge n. 164 del 1975".

A capirla tutta, questa norma, la facoltà di scelta dei dipendenti da sospendere è del datore di lavoro. E comunque questa prerogativa andrebbe posta in essere esclusivamente nel rispetto e nell'assoluta correttezza, nella buona fede e, soprattutto, in una esatta congruenza con la causa integrabile senza contravvenire al principio di non discriminazione.

Nel caso di violazione dei criteri di rotazione ai singoli soggetti spetta il risarcimento del danno quantificato nella somma risultante dalla differenza tra quanto il lavoratore avrebbe percepito a titolo di retribuzione e quanto invece ha ottenuto a titolo di integrazione salariale.

L'azienda che per motivi tecnico organizzativi non intende adottare la rotazione lo deve far presente nell'istanza al Ministero del Lavoro con la quale richiede l'intervento della CIGS spiegando in modo preciso e dettagliato le ragioni della richiesta in modo tale da fornire all'Amministrazione tutti gli elementi per valutarne la legittimità.

L'inosservanza dell'obbligo di comunicazione e l'indisponibilità all'esame congiunto si traducono nella illegittimità della sospensione dei lavoratori con la conseguenza che questi ultimi potranno chiedere la reintegrazione nel posto di lavoro e il pagamento delle differenze salariali.

il PANE e le rose
(5 Settembre 2014)

https://www.pane-rose.it/files/index.php?c3:o44550

In Italia nulla è più stabile della precarietà

Precariato: proroga al fotofinish

Un trafiletto sulla cronaca locale del Messaggero di mercoledì 3 settembre raccoglie la protesta accorata di un precario del Comune dell'Aquila, ormai allo stremo delle forze

La stampa con la "STA" maiuscola, quella che STA un po' di qua e che STA pure un po' di là, ci ha abituato a fatti raccontati di sbieco che a leggerli sembra di ritrovarsi nel mezzo di uno spiraglio di una porta aperta a metà nel buio.

Questo è il tempo, questa è la storia. L'intervento di Schettino nel corso di un seminario organizzato da un docente dell'Università La Sapienza di Roma solleva un polverone che riviene giù dal cielo come le manine nell'Amarcord di Fellini.

Un pregiudicato costituente che è giusto consultarsi con lui e che soprattutto lo si faccia in fretta, anche con un gelato che si squaglia in mano, perché la ripresina ha mille giorni contati.

E siccome non c'è più tempo da perdere, la si passi pure a quel parlamentare europeo proveniente da Roma e sceso a Bruxelles dal volo Low Cost TV 703 della Virgin Express che, all'epoca, nel 2004, ricevette lo stesso il rimborso di circa 800 euro a fronte di una spesa pari a meno di 90 euro.

Ironia della sorte, dieci anni dopo, gli è toccato - al parsimonioso uomo politico - di promuovere la spending review, imponendo l'indice ammonitore sul suo popolo dal più alto gradino che la politica avrebbe potuto mai offrirgli.

Un trafiletto sulla cronaca locale del Messaggero di mercoledì 3 settembre raccoglie la protesta accorata di un precario del Comune dell'Aquila, ormai allo stremo delle forze: "Fino all'ultimo minuto di contratto non sappiamo mai se il giorno dopo avremo ancora un lavoro. Anche questa volta l'abbiamo scampata, sebbene abbiamo conquistato solo un altro mese di lavoro. Posso anche ritenermi soddisfatto, ero stato assunto per lavorare sei mesi e, tra un rinnovo e l'altro, sono rimasto cinque anni. (…) A ogni avvicinarsi della scadenza si crea il caos. (…) Più volte la politica ha proclamato la necessità del nostro lavoro, al pari, però, degli ex di Abruzzo Engineering. Sembrano loro la vera priorità della

politica aquilana. (…)"
Sempre di nascosto, dietro la porta che la stampa apre a proprio piacimento, pare di capire che in Italia non ci sia nulla di più stabile della precarietà. Lo testimonia appunto il fatto che un dipendente assunto inizialmente per soli 6 mesi è da 5 anni ancora in servizio presso un impiego pubblico. E non solo, oltre a lamentarsi del caos che si crea alla scadenza delle proroghe riferisce anche di una percepibile rivalità nei confronti degli ex dipendenti della Abruzzo Engineering, una società a partecipazione pubblica posta in liquidazione dal 2010 a causa di un deficit di 19 milioni di euro.

Peccato però che all'ispiratore del trafiletto sfugga che in questo momento languono a casa ininterrottamente dal lontano 2010 circa 50 cassintegrati della Abruzzo Engineering tenuti pure fuori dalla rotazione del personale; materia - questa - regolata principalmente dai commi 7 e 8 dell'art. 1 della legge n. 223 del 1991, il primo dei quali prevede che i criteri di individuazione dei lavoratori da sospendere nonché le modalità della rotazione prevista nel comma 8, devono formare oggetto delle comunicazioni e dell'esame congiunto previsti dall'art. 5 della legge n. 164 del 1975.

Ma la stranezza è un'altra. Il dipendente precario quinquennale parla di "EX di ABRUZZO ENGINEERING". Di certo si tratterà di un lapsus linguae visto che, a quanto riportano le cronache, la società partecipata dalla Regione continuerebbe a fornire il proprio personale esclusivamente in virtù dei molteplici decreti governativi. Oppure, c'è qualche informazione che gli è sfuggita involontariamente di diffondere alle segreterie sindacali e politiche? Non ci saranno mica prospettive lavorative diverse per i dipendenti in attività della Abruzzo Engineering piuttosto che per i cassintegrati? "Io sono attaccato con le mie idee alla realtà e quanto più giro il mondo tanto meno nutro speranza che l'umanità possa mai diventare tutta intelligente, saggia e felice. Forse, fra tanti milioni di mondi, ve ne sarà uno che possa vantare tanto, ma dato il modo com'è costituito, per il nostro c'è poco da sperare" (Goethe, Viaggio in Italia).

AgoraVox Italia
lunedì 8 settembre 2014
https://www.agoravox.it/In-Italia-nulla-e-piu-stabile.html

In Italia nulla è più stabile della precarietà

Un trafiletto sulla cronaca locale del Messaggero di mercoledì 3 settembre raccoglie la protesta accorata di un precario del Comune dell'Aquila, ormai allo stremo delle forze

La stampa con la "STA" maiuscola, quella che STA un po' di qua e che STA pure un po' di là, ci ha abituato a fatti raccontati di sbieco che a leggerli sembra di ritrovarsi nel mezzo di uno spiraglio di una porta aperta a metà nel buio.

Questo è il tempo, questa è la storia. L'intervento di Schettino nel corso di un seminario organizzato da un docente dell'Università La Sapienza di Roma solleva un polverone che ricade giù dal cielo come le manine nell'Amarcord di Fellini. Un pregiudicato costituente, che è giusto consultarsi con lui e che soprattutto lo si faccia in fretta, anche con un gelato che si squaglia in mano, perché la ripresina ha mille giorni contati.

E siccome non c'è più tempo da perdere, la si passi pure a quel parlamentare europeo proveniente da Roma e sceso a Bruxelles dal volo Low Cost TV 703 della Virgin Express che, all'epoca, nel 2004, ricevette lo stesso il rimborso di circa 800 euro a fronte di una spesa pari a meno di 90 euro.

Ironia della sorte, dieci anni dopo, gli è toccato - al parsimonioso uomo politico - di promuovere la spending review, imponendo l'indice ammonitore sul suo popolo dal più alto gradino che la politica avrebbe potuto mai offrirgli.

Un trafiletto sulla cronaca locale del Messaggero di mercoledì 3 settembre raccoglie la protesta accorata di un precario del Comune dell'Aquila, ormai allo stremo delle forze: "Fino all'ultimo minuto di contratto non sappiamo mai se il giorno dopo avremo ancora un lavoro. Anche questa volta l'abbiamo scampata, sebbene abbiamo conquistato solo un altro mese di lavoro. Posso anche ritenermi soddisfatto, ero stato assunto per lavorare sei mesi e, tra un rinnovo e l'altro, sono rimasto cinque anni. (…) A ogni avvicinarsi della scadenza si crea il caos. (…) Più volte la politica ha proclamato la necessità del nostro lavoro, al pari, però, degli ex di Abruzzo Engineering. Sembrano loro la vera priorità della politica aquilana. (…)"

Proroga al fotofinish

Il Messaggero del 3 settembre 2014

Sempre di nascosto, dietro la porta che la stampa apre a proprio piacimento, pare di capire che in Italia non ci sia nulla di più stabile della precarietà. Lo testimonia appunto il fatto che un dipendente assunto inizialmente per soli 6 mesi è da 5 anni ancora in servizio presso un impiego pubblico. E non solo, oltre a lamentarsi del caos che si crea alla scadenza delle proroghe riferisce anche di una percepibile rivalità nei confronti degli ex dipendenti della Abruzzo Engineering, una società a partecipazione pubblica posta in liquidazione dal 2010 a causa di un deficit di 19 milioni di euro.

Peccato però che all'ispiratore del trafiletto sfugga che in questo momento languono a casa ininterrottamente dal lontano 2010 circa 50 cassintegrati della Abruzzo Engineering tenuti pure fuori dalla rotazione del personale; materia - questa - regolata principalmente dai commi 7 e 8 dell'art. 1 della legge n. 223 del 1991, il primo dei quali prevede che i criteri di individuazione dei lavoratori da sospendere nonché le modalità della rotazione prevista nel comma 8, devono formare oggetto delle comunicazioni e dell'esame congiunto previsti dall'art. 5 della legge n. 164 del 1975.

Ma la stranezza è un'altra. Il dipendente precario

quinquennale parla di "EX di ABRUZZO ENGINEERING". Di certo si tratterà di un lapsus linguae visto che, a quanto riportano le cronache, la società partecipata dalla Regione continuerebbe a fornire il proprio personale esclusivamente in virtù dei molteplici decreti governativi. Oppure c'è qualche informazione che ha dimenticato involontariamente di comunicare alle segreterie sindacali e politiche? Non ci saranno mica prospettive lavorative diverse per i dipendenti in attività della Abruzzo Engineering piuttosto che per i cassintegrati?

"Io sono attaccato con le mie idee alla realtà e quanto più giro il mondo tanto meno nutro speranza che l'umanità possa mai diventare tutta intelligente, saggia e felice. Forse, fra tanti milioni di mondi, ve ne sarà uno che possa vantare tanto, ma dato il modo com'è costituito, per il nostro c'è poco da sperare"

Goethe, Viaggio in Italia.

Blasting News
22 settembre 2014 11:40
https://it.blastingnews.com/opinioni/2014/09/la-senatrice-pezzopane-sulla-rocca-di-michelle-pfeiffer-00129015.html

La senatrice Pezzopane sulla rocca di Michelle Pfeiffer

La senatrice Pezzopane ritorna sui suoi passi per calarsi nei panni di una propugnatrice di nobili cause

Dalla California alla Rocca di Calascio in Abruzzo, la senatrice Stefania Pezzopane, del Partito Democratico e renziana di ferro, ha lasciata dietro di sé una scia, una polvere di stelle fatta di selfie e post sui social tanto da finire nel mirino di reporter da riporto, addestrati alla punta a coda dritta, per riempire sempre di più le pagine del gossip estivo.

E seppure la trama messa in scena dal regista Richard Donner, quella appunto di "Ladyhawke", richiami un'ambientazione francese, il film è stato girato in parte nella provincia dell'Aquila.

Con una aggiunta di corone e merli alla scenografia, la Pezzopane - a conclusione del suo tour storico - si è fatta immortalare assieme a un amico sullo sfondo evocativo dalla cui torre precipiterà Michelle Pfeiffer. Il racconto di Ladyhawke si rifà a una leggenda medievale del 12° secolo. La storia di Bisclavret, un lavoro letterario conosciuto come "The Lais di Marie de France".

Bisclavret è un barone felicemente sposato e cavaliere di Bretagna, che scompare per tre giorni di ogni settimana.

Incalzato dalla consorte insospettita dalle strane assenze, Bisclavret confessa di andare ogni notte a caccia trasformandosi nelle sembianze di un lupo. La moglie, invece di inorridire si arrabbia e lo tradisce inducendo il nuovo amante a rubare i vestiti di Bisclavret, in modo che l'uomo lupo non possa più riprendere la forma umana. Bisclavret, divenuto compagno del re, costringe l'infedele coniuge ad ammettere le sue azioni e a farsi restituire l'abbigliamento sottratto affinché possa finalmente riconquistare la propria figura di uomo.

La senatrice Pezzopane ritorna sui suoi passi, come la sposa di Bisclavret, per calarsi nei panni di una propugnatrice di nobili cause: ergersi a baluardo anche dei cassintegrati "di lungo corso" della Abruzzo Engineering, molto spesso dimenticati e abbandonato a se stessi.

"La prossima assemblea di Abruzzo Engineering dovrà prevedere il rilancio della società con la revoca della liquidazione, nominando i nuovi vertici aziendali".

(...) Non va, peraltro, dimenticato- prosegue- che un socio, Selex Se.Ma., società di Finmeccanica, ha realizzato il 90% della banda larga in Abruzzo, che in occasione del G8 dell'Aquila ha manifestato l'efficienza del servizio. (...) Mi auguro che il Presidente D'Alfonso e la giunta di centrosinistra tengano ben conto di tutto questo e che, oltre a salvaguardare il posto di lavoro per oltre centottanta famiglie, possano procedere alacremente al completamento della rete" (Abruzzo Engineering, Pezzopane: "Rilancio e nuovi vertici aziendali", L'Impronta - L'Aquila del 16 settembre 2014).

La solita fiction movie oppure una semplice promozione per un nuovo vertice aziendale "più gradito"?

AgoraVox Italia
martedì 23 settembre 2014
https://www.agoravox.it/Come-fara-l-Abruzzo-del-SISTRI-a.html

Come farà l'Abruzzo del SISTRI a superare il digital divide?

"A processo senza passare dall'udienza preliminare. Pierfrancesco Guarguaglini, ex presidente Finmeccanica fino al dicembre 2011, dovrà rispondere di associazione a delinquere e corruzione"

Gianni Chiodi siglò, a ridosso delle elezioni per il rinnovo della giunta del 25 maggio 2014, un accordo con Fastweb attraverso Consip per il trasporto dei dati tra le sedi regionali, utilizzando l'anello in fibra ottica di proprietà dell'Ente Regione. Il 7% della popolazione abruzzese è fuori dalla connessione della banda larga e, grazie a tutte le attività poste in essere dalla Regione, entro la fine del 2014 - si tenga a mente l'accordo con Fastweb - dovrebbe giungere al suo termine l'impresa di abbattere le ultime differenze digitali nei più reconditi territori dell'Abruzzo.

Ancora una nota sulla regione già notoriamente ricordata per la "Mandrilleide" e la "Rimborsopoli". Le recenti vicissitudini raccontate dalle cronache su Finmeccanica, Selex Se.Ma. e il progetto SISTRI sulla tracciabilità dei rifiuti speciali che doveva partire nel 2010 ed è tutt'oggi ancora fermo sui blocchi di partenza, hanno avuto rimandi anche sull'Abruzzo.

"A processo senza passare dall'udienza preliminare. Pierfrancesco Guarguaglini, ex presidente Finmeccanica fino al dicembre 2011, dovrà rispondere di associazione a delinquere e corruzione." (fonte).

Associazione a delinquere e corruzione. Sarebbero stati costituiti fondi neri all'estero costituiti attraverso un sistema di false fatturazioni e fatturazioni gonfiate tra la Selex Service Management e diverse società affidatarie "compiacenti" finalizzati al pagamento di tangenti destinate ai vertici del gruppo industriale.

L'Abruzzo Engineering, società in liquidazione dal dicembre 2010 a causa di un deficit di 19 milioni di euro, negli anni 2009/2010 si è occupata in subappalto proprio del progetto SISTRI, inviando parte del proprio personale in missioni fuori regioni. A Nepi (VT), presso gli stabilimenti della Sediin e a Castellammare di Stabia.

Comunque, segnali incoraggianti arrivano segmentati dalla senatrice e renziana di ferro Stefania Pezzopane. Secondo la parlamentare abruzzese, nella prossima assemblea di Abruzzo Engineering si dovrebbe discutere del rilancio della società con la revoca della messa in liquidazione volontaria che incombe sull'azienda a partecipazione pubblica dal dicembre del 2010 a causa di un presunto deficit di 19 milioni di euro.

Tutto questo semplicemente nominando nuovi vertici aziendali.

In completa antitesi con ciò che dichiarò appunto a suo tempo in modo assai critico l'attuale consigliere regionale di minoranza Gianni Chiodi, la Pezzopane aggiunge che non andrebbe dimenticata la Selex Se.Ma. di Finmeccanica, partner tecnologico e socio della Abruzzo Engineering, che ha realizzato il 90% della banda larga in Abruzzo, manifestando in occasione del G8 di L'Aquila l'efficienza del servizio.

In Abruzzo si è già investito molto e male nella banda larga. C'erano a disposizione 40 milioni di euro dall'Europa, che sono stati sperperati dal carrozzone politico di Abruzzo Engineering. Così, alla fine, l'intero progetto è costato 110 milioni di euro ed è stato fatto davvero poco.

il PANE e le rose
(9 Ottobre 2014)

https://www.pane-rose.it/files/index.php?c3:o44896

Abruzzo Engineering: finalmente una buona notizia per i cassintegrati

Una semplice coincidenza

La stretta che si era prefigurata sulla durata degli ammortizzatori in deroga come previsto sta infatti oggi attanagliando tutti i lavoratori posti da anni in cassa integrazione.

Un discorso a parte meriterebbe il decreto sul riordino dei criteri di concessione dei sussidi in deroga (Dl 54 del 2013, decreto IMU-CIG del maggio 2013).

La stretta che si era prefigurata sulla durata degli ammortizzatori in deroga come previsto sta infatti oggi attanagliando tutti i lavoratori posti da anni in cassa integrazione.

Con le nuove disposizioni governative la CIG in deroga potrà essere concessa a decorrere dal 1° gennaio 2014 e fino al 31 dicembre 2014, per un periodo non superiore a 8 mesi nell'arco dell'anno. Dal 1° gennaio 2015 e fino al 31 dicembre 2015 per un periodo non superiore a 6 mesi nell'arco di un anno e a 12 mesi nell'arco di un biennio mobile.

Siamo prossimi a novembre e chi è in attesa della fine dell'anno ha iniziato a familiarizzare nell'anticamera per disoccupati allestita assieme a chi presto condividerà un destino in comune con i soliti fortunati soltanto in amore perché sempre vincenti in un gioco al massacro assai in uso di questi tempi: il precariato di gruppo.

Per quanto riguarda i dipendenti in cassa

integrazione della Abruzzo Engineering, una partecipata pubblica in liquidazione definita dall'ex presidente della Giunta regionale Gianni Chiodi "una storia torbida fonte di sprechi e un carrozzone del Partito democratico", sono di prossima scadenza i tempi consentiti per decreto ministeriale. E solamente una rotazione provvidenziale del personale potrebbe scongiurare l'apparizione dei temuti fantasmi di un imminente licenziamento.

Una buona notizia invece giunge inaspettata attraverso una nota dell'8 ottobre pubblicata su un quotidiano abruzzese online.

La frivolezza di alcune polemiche suscitate giorni addietro è stata dissipata da un comunicato rasserenante, soprattutto per i cassintegrati, dell'ex presidente della Abruzzo Engineering e liquidatore, l'avvocato Francesco Carli. Gli inevitabili pettegolezzi sugli uffici dati in affitto alla partecipata pubblica Abruzzo Engineering (in liquidazione dal 2010 a causa di un deficit di 19 milioni di euro) dalla consorte del presidente Carli proprietaria degli immobili stessi sono stati dissolti da una dichiarazione che non lascia spazio a fraintendimenti o dubbi di sorta: "La sede non l'ha affittata mia moglie, ma un'agenzia, e a seguito di una selezione fatta regolarmente con un bando - precisa l'avvocato, che è stato a lungo anche presidente e amministratore delegato di Abruzzo Engineering - Insomma, è una coincidenza, perché l'immobile era stato affidato all'agenzia, e il bando e i criteri seguiti per affittare la sede, peraltro, non sono stati fissati da me, ma dagli uffici della società".

Una semplice coincidenza.

AgoraVox Italia
venerdì 10 ottobre 2014
https://www.agoravox.it/Abruzzo-Engineering-finalmente-una.html

Abruzzo Engineering: finalmente una buona notizia per i cassintegrati

Sono queste le coincidenze che rendono felici i cassintegrati.

Un discorso a parte meriterebbe il decreto sul riordino dei criteri di concessione dei sussidi in deroga (Dl 54 del 2013, decreto IMU-CIG del maggio 2013).

La stretta che si era prefigurata sulla durata degli ammortizzatori in deroga come previsto sta infatti oggi attanagliando tutti i lavoratori posti da anni in cassa integrazione.

Con le nuove disposizioni governative la CIG in deroga potrà essere concessa a decorrere dal 1°

gennaio 2014 e fino al 31 dicembre 2014, per un periodo non superiore a 8 mesi nell'arco dell'anno. Dal 1° gennaio 2015 e fino al 31 dicembre 2015 per un periodo non superiore a 6 mesi nell'arco di un anno e a 12 mesi nell'arco di un biennio mobile.

Siamo prossimi a novembre e chi è in attesa della fine dell'anno ha iniziato a familiarizzare nell'anticamera per disoccupati allestita assieme a chi presto condividerà un destino in comune con i soliti fortunati soltanto in amore perché sempre vincenti in un gioco al massacro assai in uso di questi tempi: il precariato di gruppo.

Per quanto riguarda i dipendenti in cassa integrazione della Abruzzo Engineering, una partecipata pubblica in liquidazione definita dall'ex presidente della Giunta regionale Gianni Chiodi "una storia torbida fonte di sprechi e un carrozzone del Partito democratico", sono di prossima scadenza i tempi consentiti per decreto ministeriale. E solamente una rotazione provvidenziale del personale potrebbe scongiurare l'apparizione dei temuti fantasmi di un imminente licenziamento.

Una buona notizia invece giunge inaspettata attraverso una nota dell'8 ottobre pubblicata su un quotidiano abruzzese online. Le frivolezze di alcune polemiche suscitate giorni addietro sono state dissipate da un comunicato rasserenante, soprattutto per i cassintegrati, dell'ex presidente della Abruzzo Engineering e liquidatore, l'avvocato Francesco Carli.

Gli inevitabili pettegolezzi sugli uffici dati in affitto alla partecipata pubblica Abruzzo Engineering (in liquidazione dal 2010 a causa di un deficit di 19 milioni di euro) dalla consorte del presidente Carli, proprietaria degli immobili stessi, sono stati dissolti da una dichiarazione che non lascia spazio a fraintendimenti o dubbi di sorta:

"La sede non l'ha affittata mia moglie, ma un'agenzia, e a seguito di una selezione fatta regolarmente con un bando - precisa l'avvocato, che è stato a lungo anche presidente e amministratore delegato di Abruzzo Engineering - Insomma, è una coincidenza, perché l'immobile era stato affidato all'agenzia, e il bando e i criteri seguiti per affittare la sede, peraltro, non sono stati fissati da me, ma dagli uffici della società".

Una semplice coincidenza.

il PANE e le rose
(11 Ottobre 2014)

https://www.pane-rose.it/files/index.php?c3:o44911

Cassintegrati: scudi umani per le coscienze

Un articolo da interpretare

Chi sta scrivendo queste righe è stato posto ininterrottamente in cassa integrazione dal 1° gennaio del 2011 e, con l'uso di caratteri maiuscoli, prova a invocare giornali e media di non essere usato, preso a pretesto come totem, uno "SCUDO UMANO" da esibire, un feticcio, uno spauracchio da agitare contro una pseudo "catastrofe lavorativa Abruzzo Engineering".

"Siamo alle solite... "

Così potrebbe aprire l'ennesima rassegna stampa sulla partecipata pubblica, "Abruzzo Engineering". Ma questa volta, grazie alla nutrita letteratura accumulatasi nel tempo sui media, sarà più semplice ed esaustivo riannodare i fili pendenti della vertenza.

Venerdì 10 ottobre 2014, un articolo da interpretare è apparso sul quotidiano "Il Messaggero". Nella cronaca d'Abruzzo, si torna a parlare della società a partecipazione pubblica che - secondo quanto riportato dal giornalista Stefano Dascoli - si troverebbe ancora una volta sull'orlo di un non precisato baratro, come d'altronde accade da quattro anni (https://www.flickr.com/photos/byteramaners/15306958479/).

Il rischio è sempre quello: l'avvio delle procedure di mobilità per 183 lavoratori da parte del collegio dei liquidatori. Inoltre, si apprende che un centinaio dipendenti della Abruzzo Engineering sarebbe impegnato all'interno di enti pubblici in servizi fondamentali per la ricostruzione dell'Aquila.

A spingere il collegio a questa drammatica decisione è stata la scadenza prossima delle commesse legate al sisma (23 dicembre), unita alla difficile situazione finanziaria dell'azienda; la più preoccupante, l'esposizione debitoria nei confronti del partner tecnologico e socio committente Selex Se.Ma. di Finmeccanica.

La Abruzzo Engineering rivendica il proprio know-how acquisito nel post sisma e chiede di potere continuare la sua attività. E se non fosse per quel piccolo particolare spesso dimenticano dai media, tutto risponderebbe a logiche e strategie aziendali legittimate anche dal consenso dell'opinione pubblica.

Scrive il Messaggero che 183 sono in tutto i dipendenti della Abruzzo Engineering; ma se 100 rimangono negli uffici tecnici, cioè quelli esperti del know-how, ai restanti 83 che cosa gli fanno fare?

Chi sta scrivendo queste righe è stato posto ininterrottamente in cassa integrazione dal 1° gennaio del 2011 e, con l'uso di caratteri maiuscoli, prova a invocare giornali e media di non essere usato, preso a pretesto come totem, uno "SCUDO UMANO" da esibire, un feticcio, uno spauracchio da agitare contro una pseudo "catastrofe lavorativa".

Smuovere quelle coscienze ignare di ciò che veramente accade dietro le quinte delle diatribe sindacali-politico-occupazionali.

BREVE STORIA DELLE CATASTROFI LAVORATIVE ANNUNCIATE PER LA ABRUZZO ENGINEERING:

Qui di seguito, i link sulle "manifestazioni di allerta e protesta mediatiche di prossimità fine convenzione" contro i paventati licenziamenti del personale di Abruzzo Engineering. Lavoratori che comunque proseguono dal 2010 l'iter lavorativo retribuito a differenza di chi è rimasto e rimane in cassa integrazione sotto l'ala delle tutele dei sindacati che, con instancabile dialettica, allestiscono e poi disfano gli immancabili tavoli delle trattative, in barba all'istituto legittimo della rotazione del personale impiegato.

"CHIAMATA ALLE ARMI DELLA PROTESTA CIVILE DI FINE CONVENZIONE ANNO 2010":

4 dicembre 2010, futuro a rischio dei 200 dipendenti della Abruzzo Engineering. Rientrato l'allarme. Il 23 dicembre 2010, arriva la proroga per i lavoratori della Abruzzo Engineering. Ma non è per tutti.

(http://www.abruzzoweb.it/contenuti/tasse-giuliante-la-proroga-ce-anche-per-i-lavoratori-di-ae/15429-302/)

"CHIAMATA ALLE ARMI DELLA PROTESTA CIVILE DI FINE CONVENZIONE ANNO 2011":

21 dicembre 2011, gli uffici comunali a rischio paralisi. Lavoratori a casa e sportelli chiusi. Scade domani, infatti, il termine del contratto in virtù del quale i lavoratori di Abruzzo Engineering, l'azienda in house della Regione, prestano servizio presso l'Ente comunale con mansioni di supporto nell'ambito della ricostruzione.

(http://www.abruzzoweb.it/contenuti/laquila-uffici-sisma-a-rischio-paralisi-lavoratori-a-casa-sportelli-chiusi/42799-302/).

Tirato un sospiro di sollievo, il 29 dicembre 2011 i precari della Abruzzo Engineering ottengono una nuova proroga. Anche stavolta non vale per tutti i

dipendenti (http://www.primadanoi.it/news/regione/10988/Precari-Comune-e-
Abruzzo-Engineering%E2%80%94proroga-di-tre-mesi.html%29).

"CHIAMATA ALLE ARMI DELLA PROTESTA CIVILE DI FINE CONVENZIONE ANNO 2012":

Rischio tramonto, è emergenza lavoro! 12 ottobre 2012, centonovanta lavoratori di Abruzzo Engineering a rischio licenziamento. Lo hanno detto senza giri di parole i sindacati, nella riunione ieri pomeriggio a Pescara presso la sede Cgil (http://www.primadanoi.it/news/italia/533985/-Abruzzo-Engineering-al-tramonto-.html).

"CHIAMATA ALLE ARMI DELLA PROTESTA CIVILE DI FINE CONVENZIONE ANNO 2013":

Si dice che quando il cane non abbaia significa che ha mangiato. I veterani della cassa integrazione in deroga, in osservanza delle norme previste dalla riforma della nuova legge in materia di ammortizzatori sociali, potranno avvalersi di soli altri 7 mesi nel 2014 permanendo sempre in uno stato di precariato divenuto oramai abituale. Non per tutti i lavoratori.

il PANE e le rose
(15 Ottobre 2014)

https://www.pane-rose.it/files/index.php?c3:o44955

Abruzzo Engineering: sia il Comune che la Provincia non possono fare a meno di questo personale

Tanto, ci sono sempre gli ammortizzatori sociali

E alla fine rimangono i lavoratori, di cui gli enti pubblici non possono assolutamente fare a meno, e tutti gli altri da lasciare languire in casa a dispetto della rotazione del personale.

La Cgil attacca e scrive una lettera infuocata al presidente di una società a partecipazione pubblica e posta in liquidazione dal dicembre del 2010 a causa di un presunto deficit di circa 19 milioni di euro.

Per il sindacato, si tratterebbe di una missiva stilata con veemenza contro "una scelta del tutto inappropriata", la delibera con cui il collegio dei liquidatori della Abruzzo Engineering avrebbe già deciso di avviare il licenziamento collettivo dei 187 dipendenti.

Una procedura di messa in mobilità ragionata su basi, cause ed effetti della scadenza a dicembre del contratto legato alla ricostruzione e dalla situazione finanziaria affliggente.

"Ci siamo subito riuniti in assemblea con i lavoratori - spiega Rita Innocenzi della Cgil - e abbiamo respinto con forza la scelta, considerata inappropriata e affrettata. Abbiamo quindi scritto una lettera al presidente del collegio dei liquidatori, Francesco Carli, chiedendo che al più presto venga riconvocato il collegio e la delibera sia revocata".

(...)

"Ci sono infatti tutti i presupposti per garantire la continuazione dell'attività lavorativa nell'ambito del processo di ricostruzione, visto che sia il Comune che la Provincia non possono fare a meno di questo personale e i contratti in scadenza sono stati già prorogati in passato" (https://www.flickr.com/photos/byteramaners/15350792600/).

In un probabile Spoils system - nell'accezione più negativa del significato stesso, cioè quando si tende a ipotizzare in un gioco dell'assurdo che forse le forze politiche al governo distribuiscano ai propri simpatizzanti cariche istituzionali in modo da garantire gli interessi di chi li ha investiti dell'incarico - molte poltrone traballano in attesa di una provvidenziale zeppa di falegnameria e trovare un giusto equilibrio di posizione.

"È stata la giunta Chiodi - aggiunge Innocenzi - a sancire la liquidazione di Abruzzo Engineering, definito addirittura un carrozzone" (...) Inoltre stiamo finalmente registrando, da parte della nuova giunta regionale, un'attenzione particolare per Abruzzo Engineering, e c'è l'impegno a rilanciare l'azienda utilizzando il know-how dei dipendenti anche in altri settori".

Senza scalfire minimamente il know-how acquisito dai lavoratori impegnati negli uffici tecnici per la ricostruzione dell'Aquila, non una parola si legge nel comunicato della Cgil sui dipendenti della Abruzzo Engineering in cassa integrazione da anni; se non una polisemia, la ricorrente capacità intrinseca di una parola di esprimere una gamma più o meno vasta di significati.

"Tra l'altro, (conclude la Innocenzi, n.d.r.) si può ancora accedere agli ammortizzatori sociali. Nella lettera inviata al presidente Carli facciamo presente che a fronte della grave situazione finanziaria dell'azienda abbiamo già individuato gli strumenti che a livello contrattuale permetterebbero di traghettarla nei prossimi mesi, fino a gennaio del 2015, quando si potrà di nuovo usufruire della cassa integrazione".

E alla fine rimangono i lavoratori, di cui gli enti pubblici non possono assolutamente fare a meno, e tutti gli altri da lasciare a languire in casa a dispetto della rotazione del personale.

Tanto, ci sono sempre gli ammortizzatori sociali... finanche per il 2015!

AgoraVox Italia
giovedì 23 ottobre 2014
https://www.agoravox.it/Regione-Abruzzo-le-ultime-parole.html

Regione Abruzzo: le ultime parole famose dell'ex governatore Gianni Chiodi

Regione Abruzzo e il buco senza fondo: la nuova giunta di centro sinistra ha scoperto che ci sono ben 25 società partecipate e D'Alfonso corre ai ripari e istituisce un gruppo di lavoro.

"Abbiamo risanato e riformato. Credete che siano bugie? Eppure, a onta dei miei detrattori politici, posso affermare senza ombra di smentite che i conti mi danno ragione".

Uno dei tanti esempi potrebbe essere l'annosa e tormentata vertenza di una società a partecipazione pubblica posta in liquidazione nel dicembre 2010.

L'ex governatore d'Abruzzo, Gianni Chiodi - oggi consigliere regionale di minoranza - in una intervista di fuoco rilasciata al quotidiano "il Centro" la domenica del 27 marzo 2011, ha dichiarato, senza giri di parole, che la partecipata Abruzzo Engineering fu messa in liquidazione a causa dei 19 milioni di euro di perdita.

E in questi casi non si scappa, o gli azionisti mettono i 19 milioni, oppure per legge si va alla liquidazione.

Alla fine di quella chiacchierata domenicale, Chiodi sottolineò quanto l'attuale senatrice Stefania Pezzopane difendesse la Abruzzo Engineering e quanto quella difesa fosse in realtà un segnale inequivocabile che delineava i contorni simili a un carrozzone clientelare della società stessa indebitata, in cui finanche le assunzioni erano fatte ad personam per accontentare tutte le parti politiche e sindacali.

E poi la chiosa sul fatto che i dipendenti della Abruzzo Engineering non hanno difeso nel tempo il posto di lavoro ma un loro privilegio. Sempre in quell'anno, nel 2011, l'ex governatore sentenziò che i tagli a volte sono necessari e laddove non possibili sarebbe più che giusto procedere alla liquidazione delle società in deficit. E questa operazione la si è fatta pure con Abruzzo Engineering e, dopo l'intervento, ogni giorno la società produce un euro di utile. Gli anni passano e i capelli imbiancano. E questo si sa che è così. Ma i conti della Abruzzo Engineering, dopo il trattamento "Chiodi", come sono messi oggi? Il deficit della partecipata pubblica, nel 2010 era di circa 19 milioni di euro. E adesso andiamo a spulciare fra i numeri della società in liquidazione da quattro anni. Una voragine da 226 milioni di euro, generata delle società controllate e partecipate dalla Regione Abruzzo, che va ad aggiungersi agli 800 milioni di euro di debiti, reali e presunti, che gravano sul bilancio dell'ente. Luciano D'Alfonso, fin dall'inizio del suo mandato, aveva annunciato di volerci vedere chiaro e di essere intenzionato a invertire la rotta. Sulla scia del premier Renzi, che aveva incaricato Carlo Cottarelli di passare in rassegna i conti pubblici, alla ricerca di sperperi e sprechi, il governatore abruzzese ha preteso e ottenuto, dalle direzioni competenti, le informazioni utili a delineare quello che definisce "il curriculum vitae della Regione".

Una delle controllate più in difficoltà è la Abruzzo Engineering, in liquidazione, con una cifra di debiti e potenziali debiti che raggiunge i 32.9 milioni di euro. Trentadue milioni e rotti di euro di debiti accumulati dalla Abruzzo Engineering partendo dai

19 di milioni accertati nel 2010. Ben 13.9 milioni di euro di debito in più accumulati dopo "la cura Chiodi", che avrebbe dovuto fare produrre alla società ogni giorno un euro di utile. E con le ultime parole famose di Gianni Chiodi "passo e chiudo" la mia piccola rassegna stampa sui fatti della Abruzzo Engineering portata avanti dal 2011 su questo sito, in tutti questi anni di collaborazione con AgoraVox. Il nostro Paese è davvero incredibile!

il PANE e le rose
(15 Gennaio 2015)
https://www.pane-rose.it/files/index.php?c3:o45684

Abruzzo Engineering: The End a maggio ma solo per alcuni

In cassa integrazione ma non ancora "EX"

Soltanto per alcuni lavoratori la cassa integrazione scadrà per sempre il 31 maggio 2015: quel giorno si apriranno le voragini della mobilità e della disoccupazione per molte famiglie già provate economicamente.

Di recente è uscito sul Centro, nella cronaca dell'Aquila, un articolo sul "Comune senza risorse" e gli "Uffici a rischio paralisi".

Tra le righe, si fa riferimento per ben due volte a una società pubblica partecipata, la Abruzzo

Engineering, descrivendo come "ex dipendenti" la parte del personale dell'azienda prestata e impiegata nel Comune e al Genio Civile.

Come riportato nell'accordo sindacale, almeno fino alla data della sua stipula, il 16 settembre 2014, i dipendenti di AE risultano essere ancora n.183, così distribuiti: quadri n.20; impiegati n.158; operai n.5.

Adesso, se quell'"EX" sia un refuso "pilotato", "volontario" piuttosto che "involontario", non si sa.

Di certo, è un refuso.

"Ex" sta per "fuori di" e si trova spesso come primo elemento di locuzioni latine. In italiano si usa per indicare uno stato o una carica ricoperta in precedenza da una persona.

Sarà pure un particolare di rilevanza minima. E poco importa al lettore distratto se nell'articolo pubblicato il 14 gennaio 2015 si sia raccontato di ex-lavoratori, oppure no.

Ad accorgersi della svista anche il direttore del quotidiano, il quale ha replicato alla segnalazione.

Comunque, a rileggerlo tutto, il pezzo andato in stampa su uno dei quotidiani più letti d'Abruzzo potrebbe indurre l'opinione pubblica attenta a moltiplicare e veicolare un messaggio opinabile.

Si tratterebbe forse di una presa di posizione e di distanza da una azienda posta in liquidazione dal dicembre 2010 a causa di un presunto deficit di 19 milioni di euro?

L'Abruzzo Engineering è stata definita dall'ex presidente Chiodi, come un "carrozzone clientelare" e pure peggio.

Su 183 lavoratori della AE, una parte è da anni in cassa integrazione, la quale scadrà per sempre il 31 maggio 2015.

E, purtroppo, in quella data si apriranno le voragini della mobilità e della disoccupazione per molte famiglie già provate economicamente.

il PANE e le rose
(1° febbraio 2015)
https://www.pane-rose.it/files/index.php?c3:o45821

USRA, Abruzzo Engineering e i tuoni di Massimo Cialente

Le date a volte fanno la differenza

Neanche un progetto dell'asse centrale o delle frazioni è stato approvato dall'ufficio.

Qual è la sinistra? Quella della fede nuziale. Allora Renzi si è guardato le mani ed è salito al potere confortato dalla fraternité dei ciellini di Comunionisti e Liberazione già troppo impensieriti da problemi di reclutamento a causa di una scarsa liberté di scelta su dogmi da considerarsi non soggetti alla discussione di seguaci scettici sulla egalité di somministrare ostie farcite con olio, sale e pecorino per i terroni e parmigiano a scaglie ai polentoni. Strani menu, improbabili i cuochi. Blasfemia, contorni e dintorni di emisferi spirituali paralleli intangibili. Guai a scherzare con santi, navigatori e poeti di questo povero Paese.

Neanche gli sganasioni consigliati dal Santo Padre hanno scoraggiato le critiche politiche nei confronti della madre di tutte le ricostruzioni. "L'USRA". L'Ufficio Speciale per la Ricostruzione dell'Aquila istituito dall'art. 67 ter del decreto legge n. 83/2012 e poi convertito nella legge n. 134/2012, con compiti fondamentali quali il fornire assistenza tecnica promuovendone la qualità attraverso il monitoraggio finanziario e attuativo degli interventi e, soprattutto, l'informazione trasparente sull'utilizzo dei fondi. Si apprende a pagina 4 della determinazione n. 16 del 19 gennaio 2015 del fondamentale e insostituibile apporto fornito dalla "Abruzzo Engineering S.C.p.A." - società posta in liquidazione volontaria dal dicembre 2010 a causa di un presunto deficit di circa 19 milioni di euro (n.d.r.)

- agli Enti firmatari dell'intesa. Un apporto quantificabile per il Comune nel solo periodo da gennaio a novembre 2014 in 1552 pratiche evase sulle liquidazioni contributi, 6418 liquidazioni ABI, 9695 Richiesta DURC, 2380 Conservatoria, 372 Proroghe, 2138 per Indennizzi beni mobili, 723 rimborso traslochi e poi ancora per la Provincia, 1427 pratiche evase di Genio Civile (http://www.usra.it/wp-content/uploads/2015/01/DET16-15.pdf). Grandi numeri, ottimi i risultati. Questo si è scritto e letto appena qualche settimana fa. Ma oggi, nell'ultimo giorno di questo gennaio che ha visto assegnare a un nuovo "Inquilino" gli appartamenti del Quirinale, il sindaco dell'Aquila, Massimo Cialente, ha invece tuonato inaspettatamente sullo stesso Ufficio Speciale per la Ricostruzione. Secondo quanto riportato in un articolo di cronaca locale dal quotidiano "Il Messaggero" del 31 gennaio 2015, sembrerebbe che a distanza di 21 mesi di attività neanche un progetto dell'asse centrale o delle frazioni sia stato approvato dall'USRA. Il primo cittadino parla di "insopportabile e insostenibile ritardo" aggiungendo anche che "Di questo passo la città sarà ricostruita non prima del 2040-2045. Tutto ciò indigna considerando che il precedente responsabile dell'USRA solo per consulenze ha creato le condizioni per una spesa di 4 milioni di euro l'anno.". Questi i numeri diversi, purtroppo impietosi, sciorinati da Cialente nella sua "nota furiosa" ed estemporanea reprimenda. Delle schede parametriche esaminate fino a oggi per l'asse centrale, su 79 presentate, 71 sono state istruite; nel centro storico su 254 presentate solo 86 istruite; nelle frazioni su 914 presentate solo 40 sono state evase; in periferia, su 141 presentate solo 5 istruite. E per i progetti parte seconda, su 78 presentati, assegnati (non istruiti) solo 16. In sostanza, neanche un progetto dell'asse centrale o delle frazioni è stato approvato dall'ufficio. A questo punto, trattandosi di problematiche ingegneristiche non sarebbe azzardato definire l'USRA un organo speciale istituzionale che c'ha lente tempistiche da Tartarughe Ninjineering. 31 gennaio 2015

il PANE e le rose
(9 Febbraio 2015)

https://www.pane-rose.it/files/index.php?c3:o45892

Abruzzo Engineering: lettera aperta a "Il Messaggero"

Se 8+2= 10...

Gent.ma dott.ssa Calcagni,

mi chiamo Copin Panolli,

sono un dipendente della Abruzzo Engineering (già Collabora Engineering) dal 2 settembre 2002. Attualmente, in cassa integrazione, a zero ore e ininterrottamente dal 1° gennaio 2011 (più di 48 mesi). La mia CIG, assieme a quella di altre 60 unità, scadrà definitivamente il 31 maggio 2015 prossimo. Per quella data si apriranno le voragini della mobilità e della disoccupazione per molte famiglie già provate economicamente (http://www.pane-rose.it/files/index.php?c3:o45684:e1).

Senza scalfire minimamente il know-how acquisito dai lavoratori impegnati negli uffici tecnici per la ricostruzione dell'Aquila, non una parola si legge nell'articolo da lei firmato e pubblicato sul quotidiano "Il Messaggero", nella Cronaca dell'Aquila, oggi 9 febbraio 2015, sui dipendenti della Abruzzo Engineering in cassa integrazione ormai da anni.

Mi sembra piuttosto ingeneroso ignorare ciò che è riportato nell'accordo sindacale: almeno fino alla data della sua stipula, il 16 settembre 2014, i dipendenti di AE risultano essere ancora n.183, così distribuiti: quadri n.20; impiegati n.158; operai n.5 (http://www.pane-rose.it/files/index.php?c3:o45684:e1).

Ancora di più ingeneroso sarebbe distrarsi da ciò che la stessa convenzione per l'affidamento di attività di cui all'intesa tra l'ufficio Speciale, il Comune e la Provincia di L'Aquila, 2 maggio 2013 e alla determinazione n. 27 del 08/05/2013 dell'ufficio Speciale per la Ricostruzione riporta nei propri articoli a pag. 3 e 4 (http://www.usra.it/wp-content/uploads/2013/09/convenzione-abruzzo-engineering.pdf):

"ART. 7 - La Società (la Abruzzo Engineering, n.d.r.) potrà effettuare rotazioni sostituendo il personale approvato per un numero massimo di 8 unità per il Comune dell'Aquila e 2 unità per la provincia (...)".

Si apprende così che 8+2=10; in CIG ci sono circa 50 lavoratori che ancora stanno aspettando l'assegno mensile relativo ai mesi MAGGIO 2014; GIUGNO 2014; LUGLIO 2014; AGOSTO 2014; SETTEMBRE 2014; OTTOBRE 2014; NOVEMBRE 2014; DICEMBRE 2014 E GENNAIO 2015.

La domanda è: "Qual è, delle due, l'emergenza sociale da affrontare con estrema urgenza: i dipendenti di AE che hanno avuto l'opportunità di lavorare con continuità da oltre 4 anni e percepire uno stipendio puntuale e mensile, con tredicesima e quattordicesima, di cui si narrano le sorti nell'articolo di oggi sul Messaggero già citato... oppure, la tragedia di una cinquantina di famiglie senza reddito da oltre 9 mesi?". Per ulteriori approfondimenti: USRA, Abruzzo Engineering e i tuoni di Massimo Cialente - Le date a volte fanno la differenza http://www.pane-rose.it/files/index.php?c3:o45821:e1

Un saluto cordiale

AgoraVox Italia
giovedì 12 febbraio 2015
https://www.agoravox.it/Abruzzo-Engineering-emergenza.html

Abruzzo Engineering: emergenza sociale in una insolita guerra fra ricchi

Se 8+2= 10...

Abruzzo Engineering - personale senza contratto
Articolo apparso nella cronaca locale dell'Aquila, sul quotidiano "Il Messaggero", del 9 febbraio 2015

Senza scalfire minimamente il know-how acquisito dai lavoratori impegnati negli uffici tecnici per la ricostruzione dell'Aquila, non una parola si è spesa nel servizio del TG3 Abruzzo (minutaggio 00:05:59), dell'11 febbraio 2015, sui dipendenti della Abruzzo Engineering in cassa integrazione da più di 4 anni.

Sembra piuttosto ingeneroso ignorare ciò che è

riportato nell'accordo sindacale: almeno fino alla data della sua stipula, il 16 settembre 2014, i dipendenti di AE risulterebbero essere ancora n.183, così distribuiti: quadri n.20; impiegati n.158; operai n.5.

Ancora di più ingeneroso sarebbe distrarsi da ciò che la stessa convenzione per l'affidamento di attività di cui all'Intesa tra l'Ufficio Speciale, il Comune e la Provincia di L'Aquila, 2 maggio 2013 e alla determinazione n. 27 del 08/05/2013 dell'Ufficio Speciale per la Ricostruzione riporta nei propri articoli a pag. 3 e 4:

"ART. 7 - La Società (la Abruzzo Engineering, n.d.r.) potrà effettuare rotazioni sostituendo il personale approvato per un numero massimo di 8 unità per il Comune dell'Aquila e 2 unità per la provincia (…)".

Si apprende così che 8+2=10; in CIG ci sono circa 50 lavoratori che ancora stanno aspettando l'assegno mensile relativo ai mesi MAGGIO 2014; GIUGNO 2014; LUGLIO 2014; AGOSTO 2014; SETTEMBRE 2014; OTTOBRE 2014; NOVEMBRE 2014; DICEMBRE 2014 E GENNAIO 2015. La domanda è: "Qual è, delle due, l'emergenza sociale da affrontare con estrema urgenza: i dipendenti di AE che hanno avuto l'opportunità di lavorare con continuità da oltre 4 anni e percepire uno stipendio puntuale e mensile, con tredicesima e quattordicesima, di cui si narrano le sorti in un recente articolo apparso sul quotidiano "Il Messaggero" e nel servizio del TG3... oppure, la tragedia di una cinquantina di famiglie senza reddito da oltre 9 mesi?".

il *PANE* e le rose
(13 Febbraio 2015)

https://www.pane-rose.it/files/index.php?c3:o45934

Abruzzo Engineering: ora la CGIL predice anche il futuro

La sfera magica del sindacato

Molti di questi lavoratori lamentano la mancanza di una rotazione, ossia di essere stati esclusi completamente dalla ricostruzione dal 2011 con una CIG a 500 euro al mese che avrà scadenza nel mese di maggio. Sempre a proposito della annosa vertenza dei precari della Abruzzo Engineering impiegati nella ricostruzione dell'Aquila, oggi venerdì 13 febbraio 2015, sulla cronaca locale del quotidiano "Il Messaggero", nell'articolo a fronte della solita routine che si replica da oltre quattro anni, si predice il "FUTURO" della società in liquidazione: (…) Il futuro dei 110 lavoratori resta in bilico. Quella della ricostruzione al momento è l'unica commessa per Abruzzo Engineering, motivata in origine da motivi di urgenza, peraltro non è chiaro se l'Usra potrà procedere a proroghe all'infinito, visto che andrebbe predisposta una gara per l'affidamento del servizio. "Questo è vero - spiega la Innocenzi (sindacalista della CGIL, n.d.r.) -. Tuttavia siamo convinti che esista un percorso possibile per garantire la società attraverso la Regione. Se la società torna in bonis e in house, la Regione potrà fare una convenzione con Comune (Usra) e Provincia per far continuare a operare i lavoratori di Abruzzo Engineering".

Sì, ma quali? In totale la società conta 187 persone, di cui solo 110 impiegate, le altre in cassa integrazione.

Molti di questi lavoratori lamentano la mancanza di una rotazione, ossia di essere stati esclusi completamente dalla ricostruzione dal 2011 con una CIG a 500 euro al mese che avrà scadenza nel mese di maggio.

"Mi rendo conto che questo è vero - continua la sindacalista - ma fu il titolare dell'Usra a chiedere profili specifici per cui speriamo di poter normalizzare la situazione una volta risolta la questione principale".

E giusto appunto, dalla convenzione per l'affidamento di attività di cui all'Intesa tra l'Ufficio Speciale, il Comune e la Provincia di L'Aquila, 2 maggio 2013 e alla determinazione n. 27 del 08/05/2013 dell'Ufficio Speciale per la Ricostruzione, l'interessante consultazione degli articoli a pagina 3 e 4 (http://www.usra.it/wp-content/uploads/2013/09/convenzione-abruzzo-engineering.pdf):

"ART. 6" - Le ripartizioni tra Enti di profili professionali e dotazioni logistiche sono di seguito riportate: Comune L'Aquila - unità n. 60, di cui: n. 18 Unità supporto amministrativo (laureati e diplomati) ANCHE CON COMPETENZE EDP; e poi, per la Provincia L'Aquila - unità n. 50, di cui n. 12 Unità supporto amministrativo (laureati e diplomati) ANCHE CON COMPETENZE EDP.

"ART. 7" - La Società (la Abruzzo Engineering, n.d.r.) potrà effettuare rotazioni sostituendo il personale approvato per un numero massimo di 8 unità per il Comune dell'Aquila e 2 unità per la provincia.

Secondo quanto dichiarato dalla sindacalista della CGIL, Rita Innocenzi, nell'articolo del Messaggero, sarebbero state le precise indicazioni del "TITOLARE" dell'Usra a causare la mancata rotazione del personale.

Di conseguenza, le stringenti esigenze di reperire profili professionali specifici sono dunque alla base dell'enorme quantità di CIG in deroga disposta nell'arco di 60 mesi su di un terzo dei dipendenti della Abruzzo Engineering.

E comunque, visto che le eccezioni sottolineano spesso la regola, sarebbe interessante se il sindacato più grande d'Italia, la CGIL, si cimentasse in uno spicciolo monitoraggio di cui si vuole riprodurre qui di seguito un significante esempio:

"Perché mai, se il Comune come la Provincia dell'Aquila, dopo avere disposto attraverso l'ART. 6 della convenzione di cui sopra la ripartizione tra gli uffici tecnici di un totale di n. 30 (trenta) unità per un supporto amministrativo "ANCHE CON COMPETENZE EDP", INVECE la dirigenza della AE ha lasciato a casa, in cassa integrazione dal 1° gennaio 2011 al 31 maggio 2015, un "PROFILO PROFESSIONALE ALTAMENTE QUALIFICATO", in possesso della Patente Europea sull'uso delle "Reti Informatiche" - Fogli Elettronici - Uso del Computer e Gestione dei File

- Elaborazione Testi (ECDL European Computer Driving Licence - Certificato ECDL Start conseguito il 4 dicembre 2012, come documentato dagli attestati di "OPERATORE EDP" e rilasciati dal "Ministero del Lavoro e delle Politiche Sociali"?

Quante simili "distrazioni" sono sfuggite al sindacato?

In particolare, alla CGIL?

Soprattutto alla rappresentante sindacale, Rita Innocenzi?

AgoraVox Italia
venerdì 13 marzo 2015
https://www.agoravox.it/Meno-male-che-siamo-in-Italia.html
Meno male che siamo in Italia

"Ruba una inezia e sarai additato come una curiosità sulla piazza del palazzo di giustizia. Ruba un milione e sarai additato come una virtù nei salotti".

Antonio Razzi

A causa dell'alto livello di corruzione, alcuni paesi della UE hanno un basso credito, una oggettiva difficoltà a prendere in prestito denaro. L'abuso di potere pubblico per profitto personale è l'esplicitazione che si usa sottoscrivere per definire la disonestà politica. In questi luoghi pervasi da riprovevoli familiarità fiscali è consuetudine, giusto per fare un esempio, pagare in nero i medici e procurarsi un servizio pubblico migliore.

L'evasione erariale si eleva così a sport nazionale assai diffuso rendendo complesso procurarsi entrate attraverso la contribuzione. Si accumula così un enorme deficit di bilancio. E si sa che è rischioso prestare denaro a un paese che non può finanziare il rimborso attraverso le imposte. La prima relazione dell'UE sul malaffare ha messo a punto un quadro impietoso: una straordinaria percentuale della corruzione in Europa è generata nella Grecia, con un costo annuale di svariati miliardi di euro. Uno dei paesi più corrotti, secondo il Corruption Perception Index 2014 di Transparency International (http://www.transparency.org/cpi2014).

L'insicurezza nel sistema produttivo dovuta alla pessima amministrazione delle finanze pubbliche e in specie di corruzione ed evasione fiscale. La classe dirigente, i labirinti della burocrazia, la criminalità, la ragione enigmatica della depenalizzazione di reati ha ridotto le sanzioni previste per i protagonisti di un atto di disonestà. L'avidità, la mancanza di prospettive.

Questo gruppo di fattori è legato alla duplice natura dell'uomo: gli insegnamenti religiosi sulla base del fatto che l'uomo è la scena della lotta tra il bene e il male, dove il bene non vince sempre. I motivi egoistici inducono a ignorare le limitazioni esistenti nelle attività umane e registrate nella morale. Il soggetto che viola l'ordine esistente della società può portare a conseguenze distruttive. In un racconto del 1911, "Denaro falso" o "La cedola falsa", Tolstoj tratta i temi della corruzione e della redenzione. Robert Bresson attualizza nel 1983 e adatta per il cinema la prima parte della novella, nel film "L'Argent" ambientato nel XX secolo, badando bene a lasciare da parte la redenzione.

Tolstoj affronta anche i temi della giustizia: "La giustizia è dei ricchi, dei danarosi che con i soldi comprano tutto... anche la libertà. Ai poveri, resta misera la speranza di appellarsi un giorno a un tribunale posto troppo in alto per giungerci in tempo".

Nell'avere sfidato un ambiente assolutamente incognito come quello greco, non resta infine che una epigrafe sostanziale da tenere a mente. "Ruba una inezia e sarai additato come una curiosità sulla piazza del palazzo di giustizia. Ruba un milione e sarai additato come una virtù nei salotti" (Vautrin, personaggio creato da Balzac nel 1834 in Papà

Goriot). Una nuova rotta dal solco profondo è stata indicata in un intervento del Presidente della Repubblica: "Il rapporto tra giustizia e sviluppo, tra equità e finanza pubblica, in una parola il contributo alla continua costruzione dell'edificio della democrazia, passa anche di qui, con un particolare impegno diretto alla lotta alla corruzione" (Presidente Mattarella all'incontro con i Magistrati Ordinari in Tirocinio, 9 marzo 2015).

Non sarebbe inutile ribadire che le assurdità nella gestione della cosa pubblica greca ci riguardano fino a un certo punto. Ed è per questo motivo che si continua a ripetere: "Meno male che siamo in Italia!".

il PANE e le rose
(21 Marzo 2015)

https://www.pane-rose.it/files/index.php?c3:o46200

Abruzzo Engineering: "Egregio consigliere di minoranza Chiodi, io il lavoro l'ho avuto dal collocamento!"

Chiodi: "revocare la liquidazione di Abruzzo Engineering costerà 19 milioni di euro"

"Si tratta di lavoratori selezionati non certo con un'evidenza pubblica ma per contiguità politiche, sindacali o dirigenziali".

Il Gruppo consiliare di Forza Italia, nel corso di una conferenza stampa nella sede di Pescara del Consiglio regionale, ha fatto il punto questa mattina su alcune importanti vertenze che riguardano società in parte, o a totale capitale pubblico: Maiella Morrone, Abruzzo Engineering e Tua.

Il Presidente emerito Gianni Chiodi è intervenuto sul capitolo Abruzzo Engineering riferendo i criteri adottati, sempre secondo quanto riportato dagli organi di stampa, per il reclutamento del personale della società in questione. Si tratterebbe, quindi, di un personale (...) selezionato non certo con un'evidenza pubblica ma per contiguità politiche, sindacali o dirigenziali. (...) (Al minutaggio 2:07 del link - https://www.youtube.com/watch?v=iAp--VKbrY0)

Sono un dipendente della Abruzzo Engineering. Il mio nome è Copin Panolli e sono di Teramo. La mia è una richiesta cortese e formale di potere dissociare la mia persona dalle affermazioni del consigliere di minoranza, Gianni Chiodi, sulle modalità di reclutamento del personale della società per cui lavoro dal 2 settembre 2002.

Qui di seguito riproduco le indicazioni per accedere liberamente alla consultazione del mio certificato storico rilasciato dall'Ufficio di Collocamento di

Teramo. Dalla lettura del documento si apprenderà che ho ottenuto il mio posto di lavoro tramite un iter istituzionale e sicuramente non come addebitato dagli organi di stampa al consigliere di minoranza, Gianni Chiodi.

__AgoraVox Italia__
__lunedì 23 marzo 2015__
https://www.agoravox.it/Abruzzo-Engineering-Io-il-lavoro-l.html
Abruzzo Engineering: "Io il lavoro l'ho avuto dal collocamento!"

Il Gruppo consiliare di Forza Italia, nel corso di una conferenza stampa nella sede di Pescara del Consiglio regionale, ha fatto il punto, lo scorso 19 marzo, su alcune importanti vertenze che riguardano società in parte, o a totale capitale pubblico: Maiella Morrone, Abruzzo Engineering e Tua. Il Presidente emerito Gianni Chiodi è intervenuto sul capitolo Abruzzo Engineering riferendo i criteri adottati, sempre secondo quanto riportato dagli organi di stampa, per il reclutamento del personale della società in questione. Si tratterebbe, quindi, di un personale (…) selezionato non certo con un'evidenza pubblica ma per contiguità politiche, sindacali o dirigenziali. (…) (Al minutaggio 2:07 del video. Sono un dipendente

288

della Abruzzo Engineering. Il mio nome è Copin Panolli e sono di Teramo. La mia è una richiesta cortese e formale di potere dissociare la mia persona dalle affermazioni del consigliere di minoranza, Gianni Chiodi, sulle modalità di reclutamento del personale della società per cui lavoro dal 2 settembre 2002. Qui di seguito riproduco le indicazioni per accedere liberamente alla consultazione del mio certificato storico rilasciato dall'Ufficio di Collocamento di Teramo. Dalla lettura del documento si apprenderà che ho ottenuto il mio posto di lavoro tramite un iter istituzionale e sicuramente non come addebitato dagli organi di stampa al consigliere di minoranza, Gianni Chiodi.

il PANE e le rose
(25 Marzo 2015)

https://www.pane-rose.it/files/index.php?c3:o46227

Fatti mandare dalla SMA a prendere appalti
"Che fortuna il terremoto"
A causa dell'emergenza in corso lavori per decine di milioni di euro furono aggiudicati con l'affidamento diretto e senza gara a imprenditori che sgomitavano per partecipare a quegli appalti.
Ed è così che si torna a parlare ancora una volta di

Finmeccanica, Tarantini e di Enrico Intini.

Gira voce sui vari quotidiani locali abruzzesi (https://www.flickr.com/photos/byteramaners/16299674463/) che all'indomani del terremoto del 2009 non fossero in pochi a "benedire la sorte!".

Ed è proprio a causa dell'emergenza in corso che lavori per decine di milioni di euro furono aggiudicati con l'affidamento diretto e senza gara a imprenditori che sgomitavano per partecipare a quegli appalti (https://www.flickr.com/photos/byteramaners/16918687381/).
Uomini d'affari come l'imprenditore pugliese titolare della SMA, Enrico Intini, che spingeva il collega Giampaolo Tarantini, "a portare escort nelle residenze di Silvio Berlusconi per ottenere così un lasciapassare per fare affari con la Protezione civile e Finmeccanica". Agli atti ci sono le dichiarazioni di escort che raccontano di cene a casa di Berlusconi (http://bari.repubblica.it/cronaca/2011/09/05/news/sexigate_chiude_1_inchiesta-21231291/index.html?ref=search).

Un accordo che ha permesso a "Giampi" di salire ai piani alti della galassia Finmeccanica, fino a incontrare Marina Grossi (http://www.ilgiornale.it/interni/linchiesta_bari_il_clan_baffino/04-09-2011/articolo-id=543573-page=0-comments=1), moglie dell'amministratore delegato Guarguaglini e a capo della controllata

Selex; una società più volte citata nelle intercettazioni di Valter Lavitola. Su questi affari sta deponendo al processo escort il colonnello della Finanza Andrea Di Cagno, che ha svolto le indagini. Comunque sia, nessuno degli appalti sarà affidato agli imprenditori baresi perché, alcune settimane dopo i primi accordi con Pierfrancesco Guarguaglini, ex presidente Finmeccanica, Domenico Lunanuova e Lorenzo Borgogni, ex dirigenti del gruppo Finmeccanica, l'amico di Intini, Giampaolo Tarantini, subirà una perquisizione nell'ambito di una delle indagini baresi (https://www.flickr.com/photos/byteramaners/16712356907/).

L'imprenditore Enrico Intini si era già fatto conoscere nel lontano 2001 dagli amministratori regionali abruzzesi, per una proposta di stabilizzazione di un centinaio di precari.

Come riportato in un trafiletto de "Il Messaggero" del 9 giugno 2002 (https://www.flickr.com/photos/byteramaners/16893727746/), per i "Lavoratori socialmente utili" da stabilizzare con una delibera della Giunta Regionale, allora presieduta dal dottor Giovanni Pace (centrodestra), al momento di perfezionare l'accordo, appariva improvvisamente il "Gruppo Intini", da Noci di

Bari, offrendosi come controparte all'allora "Collabora Engineering S.p.A.". E così facendo, ottenne l'affidamento fino a quando poi un ricorso al TAR non ripristinò le parti in causa.

Dalla "SMA Abruzzo" del "Gruppo Intini" alla "Collabora Engineering S.p.A.", per giungere fino ai nostri giorni, alla società in liquidazione, "Abruzzo Engineering S.C.p.A.", passando prima per la Selex di Finmeccanica.

il PANE e le rose
(5 Aprile 2015)

https://www.pane-rose.it/files/index.php?c3:o46303

Abruzzo Engineering: un pesce d'aprile uguale per tutti

Il pesce d'aprile di Abruzzoweb.it

Altri precari chiedono lo stesso provvedimento di proroga degli ammortizzatori sociali che è stato adottato per il personale di Abruzzo Engineering.

Una contropartita che vale ottocento anni di distanza nel tempo. Questo il pesce d'aprile fatto da una testata online abruzzese.

Uno scambio monumentale tra Pescara e L'Aquila. La Porta Barete o di Lavareto (1270-1316) per lo Huge Wine Glass, il bicchiere di vino a base quadrata, alto cinque metri e largo due, di plastica trasparente.

Un bicchiere da un milione di euro installato nella piazza principale di Pescara nel 2008 e crollato su se stesso due mesi dopo l'inaugurazione.

"Basta puntellarlo e sta a posto", ha detto Cialente, il sindaco dell'Aquila. E subito appresso, l'assessore alla Ricostruzione Pietro Di Stefano ha dato mandato ai lavoratori di Abruzzo Engineering, ma solo a quelli che lavorano ininterrottamente da 4 anni, a differenza di altri 60 in cassa integrazione da altrettanto e pure senza assegno dal dicembre 2014, di istruire la pratica di ricostruzione (http://www.abruzzoweb.it/contenuti/scoopporta-barete-spostata-a-pescara--laquila-avra-in-cambio-il-wine-glass/566593-268/).

La società partecipata pubblica in liquidazione a causa di un deficit di 19 milioni di euro, la Abruzzo Engineering, in questi giorni di passione e Via Crucis, oltre a essere protagonista di un bellissimo pesce d'aprile, è stata tirata in ballo da circa 140 lavoratori di ex dipendenti della Finmek Solutions, della Fida spa, della Cn System, della P&A Service e della Intercompel, che attendono di essere ricollocati.

I dipendenti del polo elettronico, ora disoccupati, richiedono lo stesso provvedimento di proroga degli ammortizzatori sociali che è stato adottato per altri e, in particolare, per il personale di Abruzzo Engineering. Comunque assai preoccupati della situazione di precarietà e dell'approssimarsi della scadenza della mobilità, che porterà tanti di loro a non avere più neppure quel minimo sussidio economico vitale per la sopravvivenza delle proprie famiglie, hanno inviato una lettera di supplica al presidente della Regione Abruzzo, Luciano D'Alfonso. "Chiediamo di essere trattati allo stesso modo dei lavoratori di Abruzzo Engineering e di poter usufruire di analoghe speciali proroghe regionali. E per poter riacquistare quella dignità lavorativa ormai perduta da anni" (il Centro - sabato 4 aprile 2015; L'Aquila. Polo elettronico, in 140 chiedono altra mobilità). La domanda è: "Riusciranno i politici abruzzesi a dipanare vertenze che hanno condotto tanti lavoratori allo stremo?".

AgoraVox Italia
venerdì 24 aprile 2015
https://www.agoravox.it/La-resa-al-buio.html

La resa al buio

"Non ho problemi con il mondo, solo con voi che comandate".

Mano nella mano con la mamma, un uomo

accovacciato, gente in attesa, donne che protestano, la fila per imbarcarsi e poi finalmente in alto mare. Questa la vita che scorre a un palmo dal naso di un terzo della popolazione mondiale. Quella mano che misura la distanza dal reale potrebbe iniziare a muoversi e articolarsi con le dita per fare marameo alla vita.

Oppure, una pernacchia per quelle miserande esistenze che i media ci propinano quotidianamente rovinandoci l'appetito. E di questi umoracci, di questi peti vocali, la rete, il web sono stracolmi. In questo movimento di tastino con le lettere dell'alfabeto stampate, sopra ci si sta affollando in un unico spazio mentale. Sotto gli occhi sì, non della mente per alcuni, scorrono i fatti dei 900 disperati morti annegati nel Mediterraneo. La merda degli umani puzza nei social attraverso post come "Questa estate non mangerò pesce!"; "Novecento morti: troppo bello per essere vero!"; "Cazzo finalmente qualcuno muoreeee!!!", scrive Stefano su Facebook; poi Rocky con "Affondasse tutta l'Africa"; Daniele aggiunge "Dai, se non sono 700 mi va bene anche 699"; Gaetano gioisce così "Godoooooo, devono affogare tutti questi invasori"; Silvia si rammarica "Peccato così pochi";

Franco è pragmatico "700 parassiti in meno da mantenere, affondasse anche il Parlamento con tutto il governo avremmo fatto bingo" (Il Messaggero.it, 19 aprile 2015).

Adesso, chiediamo al nostro grafico di posizionare e mettere bene in evidenza una foto che, quasi simile alla precedente, proverà a indicare delle significative differenze di posa. Mano nella mano con la mamma, un uomo accovacciato, gente in attesa, donne che protestano, la fila per imbarcarsi e poi finalmente in alto mare. Questa la vita che scorre a un palmo dal naso dei due terzi della popolazione mondiale.

Un politico illuminato si preoccupa giustamente della pulizia tecnica della cittadina di provincia che amministra: "Visto che li dobbiamo pagare" spiega un sindaco a proposito dei profughi "fargli provvedere alla pulizia del lungofiume è sempre meglio di restare in piazza a bighellonare: in questo modo si renderebbero utili alla collettività che li sta ospitando" (un primo cittadino). Purtroppo, il nostro grafico non potrà essere d'aiuto a chi con la memoria sta già scorrendo la strofa di Jannacci dopo le dichiarazioni del sindaco.

"C'hai problemi?", problemi secolari popolari nei

quartieri. In ogni scala e su scala nazionale, ma per gli inglesi, italiani o albanesi è uguale. Problemi di pensioni rimosse, di debiti e storie, finite le scorte. Crollate le borse, aperte le porte, la fame che arriva da chi non la conosce. Non ho problemi con il mondo, solo con voi che comandate" (Desolato, Jannacci). La desolazione che attraversa la storia umana è una secrezione cerebrale inespugnabile. La resa al buio. "Il fatalismo è indispensabile nella scienza storica per spiegare certi avvenimenti privi di senso; dei quali, cioè, non comprendiamo la ragionevolezza" (Guerra e pace, Lev Tolstoj).

il PANE e le rose
(28 Aprile 2015)
https://www.pane-rose.it/files/index.php?c3:o46465

Abruzzo Engineering: ultima chiamata

I cittadini contribuenti abruzzesi hanno il diritto di sperare

La Regione Abruzzo guarda con particolare interesse e attenzione alle vicissitudini e, soprattutto, al futuro della Abruzzo Engineering S.C.p.A.

Questa volta è proprio la Regione Abruzzo a prestare particolare interesse e attenzione alle vicissitudini e, soprattutto, al futuro della Abruzzo

Engineering S.C.p.A.

Nella seduta di Giunta Regionale del 17 febbraio 2015, dietro la proposta del Presidente Luciano D'Alfonso, è stata approvata una delibera che "manifesta la volontà della Regione Abruzzo di conferire un nuovo impulso all'Abruzzo Engineering S.C.p.A., rilevando la quota capitale sociale posseduta da Selex Se.Ma. S.p.a. per procedere successivamente all'affidamento diretto di servizi e prestazioni, secondo quanto previsto dall'art. 11 della L.R. n. 34/2007 e s.m.i. e nel rispetto dei principi fissati dagli Organi Comunitari preposti alla tutela della libera concorrenza e del mercato".

Della società a partecipazione pubblica Abruzzo Engineering, già in passato definita a tinte forti dall'attuale consigliere regionale di minoranza Gianni Chiodi, sembra oggi - con la nuova governance - di avvistare all'orizzonte l'approdo che potrebbe porre fine alle vicissitudini subite a causa di una dirigenza che, sempre secondo quanto si è appreso dai media nel tempo, avrebbe accumulato debiti calcolabili in milioni di euro.

Nel dicembre del 2010, la partecipata fu posta in liquidazione volontaria per un presunto deficit di 19 milioni di euro. Una condizione preservatasi fino a oggi all'interno di una inspiegabile indifferenza costata poi cara ai contribuenti abruzzesi.

Se la soluzione dovesse essere quella di revocare la liquidazione, ciò vorrebbe dire per la Regione spendere almeno 20 milioni di euro. La società partecipata conta 185 dipendenti, di cui una rilevante e "sfortunata" parte in cassa integrazione da 48 mesi e circa 110 unità da sempre impegnate nella ricostruzione post-sisma dell'Aquila e attualmente in stato di convenzione scaduta con il Comune.

A maggior ragione, in queste ore sarebbe assai utile e opportuno che l'opinione pubblica, i contribuenti e tutti i media continuassero pervicacemente a esercitare un forte controllo.

Vigilare, affinché la redazione del nuovo piano industriale non venga affidato a mani non esperte e dal know how non consolidato e non validato da oggettivi riconoscimenti, quali i concorsi pubblici.

Dopo anni di sperpero di denaro pubblico, i cittadini contribuenti abruzzesi hanno il diritto di sperare in una futura produzione di quel valore aggiunto da parte della Abruzzo Engineering necessario a calmierare l'alto costo pubblico richiesto per la sua stessa salvezza.

il PANE e le rose
(23 Maggio 2015)
https://www.pane-rose.it/files/index.php?c3:o46658

The plaintive Pommy against as engineering from Abruzzo

Abruzzo Engineering come la fenice?

"Perché nel feudo Abruzzo Engineering le clientele potevano anche questo: chi non ha un santo in paradiso va in cassa integrazione anche per molti mesi di seguito portando a casa una minima percentuale di stipendio, chi invece "è parente di" si è potuto fare appena tre settimane di cassa ad agosto" (http://www.primadanoi.it/news/regione/2691/Abruzzo-Engineering--si-cercano-nuove-commesse-per-una-morte-piu-dolce.html).

Luciano D'Alfonso

Sono i colori caldi e la compattezza del melograno a ingannare chi il frutto se lo liscia fra le mani prima ancora di vedersele sgranare per vie diverse tutte quelle biglie rosse. In un libro letto da molti si narra del commento ironico, di un operaio immigrato in Australia dall'est europeo, urlato durante un comizio e nel quale si affermava di preferire piuttosto alle parole del politico l'ottimo cibo servito agli ingegneri inglesi del cantiere.

"I like rather the good meat and vegetables that the Pommy engineers and their families get".

Mutuata dal "pomegranate", la parolina "Pommy" è divenuta il nomignolo con cui gli australiani definiscono gli immigrati inglesi. Di carnagione chiara, si lamentavano e dolevano continuamente mentre arrostivano al sole del deserto assumendo il colorito tipico del frutto in questione. Pommy piagnoni, la sensazione che pure non essendo un insulto grave non sia neppure un complimento è forte. L'Oxford Dictionary definisce l'uso del termine come "spesso dispregiativo" ma dopo diverse denunce alla Advertising Standards Board relative sulla presa per il culo dei "Poms" il consiglio ha stabilito nel 2006 che questa parola è inoffensiva perché "in gran parte utilizzata in modi ludici o affettuosi". Anche il New Zealand Broadcasting Standards Authority ha emesso una simile sentenza nel 2010.

In Italia, il problema non si pone. Quello della compattezza dei lavoratori precari e non l'illusoria omogeneità del melograno potrebbe essere invece lo spunto per qualche accurata riflessione. Nelle prossime ore, forse già lunedì 25 maggio 2015, attorno a un tavolo sindacale, si dovrebbero discutere e deliberare azioni energiche tese ad alleggerire il costo economico di una partecipata pubblica abruzzese posta in liquidazione volontaria nel dicembre del 2010 a causa di un presunto deficit di 19 milioni di euro. Si torna a discutere sul futuro della "Abruzzo Engineering S.C.p.A." e dei suoi dipendenti. Anche di quella "sfortunata" fetta di lavoratori (ri)posta ininterrottamente in cassa integrazione da più di 48 mesi.

Dopo una lunghissima e ininfluente pausa di cinque anni e mezzo, il centrosinistra è tornato a presiedere la Giunta regionale con Luciano D'Alfonso succeduto all'ex presidente Ottaviano Del Turco, già espressione dello stesso schieramento politico dell'attuale governatore in carica. I fili da riannodare sono sempre gli stessi. Ma questa volta sembra che si faccia davvero sul serio. A richiedere l'allacciamento delle pendenze è il vice presidente della Regione Abruzzo, Giovanni Lolli.

In una delle sue ultime interviste su l'affaire Abruzzo Engineering, Lolli ha dettato quelle che per lui dovrebbero essere le linee guida per il riassetto della società. La deliberazione di acquisizione delle quote della Abruzzo Engineering farà parte della variazione di bilancio che probabilmente andrà in discussione nella prossima seduta del Consiglio regionale calendarizzata per martedì 26 maggio 2015.

Una volta che la società sarà stata trasformata in house alla Regione "dovrà mantenersi con le proprie forze, ragionare e organizzare la propria attività come quella di una società privata inserita nelle logiche del mercato libero, con un quadro economico definito e una compatibilità finanziaria. La struttura amministrativa sarà leggera, gestita molto probabilmente da un dirigente regionale" (http://www.newsabruzzo.it/articolo/abruzzo-engineering-lolli-il-consiglio-regionale-decidera-sullacquisizione-delle-quote/62623.htm).

Una struttura amministrativa leggera così come auspicata da Giovanni Lolli potrebbe richiedere diversi sacrifici. Per esempio, "la necessità imprescindibile di ridurre i costi del personale con significativi tagli degli emolumenti della dirigenza (figure ormai inutili poiché l'intera gestione è appannaggio dei 4 liquidatori) e di coloro che beneficiano di un ingiustificato superminimo" (15 dic 2010 - Primadanoi.it; http://www.primadanoi.it/news/regione/2691/Abruzzo-Engineering--si-cercano-nuove-commesse-per-una-morte-piu-dolce.html).

Sono trascorsi cinque anni dalla pubblicazione di questo virgolettato estratto dall'articolo apparso online su "Primadanoi.it" e i fili da riannodare sono ormai prossimi a stuccarsi. E se qualcuno dovesse restare solo con una stringa spezzata in mano?

Di certo, "la situazione è delicata e tesa ma è in questi giorni che si porranno le basi per il futuro. Sono in molti a non avere speranza in un vero cambiamento perché si ritiene che siano troppe le forze (bipartisan) che spingono affinché vengano tutelati i privilegi acquisiti anche in maniera non del tutto regolare. (...) (15 dic 2010 - Primadanoi.it; http://www.primadanoi.it/news/regione/2691/Abruzzo-Engineering--si-cercano-nuove-commesse-per-una-morte-piu-dolce.html).

"On your bike!". Una frase ambigua d'oltre Manica per dire a qualcuno di andarsene. E sarebbe ancora di più ambigua se quel qualcuno al quale si sta suggerendo di andarsene si trovasse in sella a una bicicletta.

Come dire: "Hai voluto la bicicletta... adesso, pedala!".

il PANE e le rose
(27 Giugno 2015)
https://www.pane-rose.it/files/index.php?c3:046898

Airport Engineering: dal carrozzone al cabinone

Eccellenze abruzzesi

Signor Presidente, si apra all'impossibile tenendo a battesimo una nuova eccellenza abruzzese.

Onboarding, ovvero la socializzazione organizzativa, è quel meccanismo si dice con cui i dipendenti avrebbero bisogno di familiarizzare per acquisire conoscenze, abilità e comportamenti in maniera efficace per poi essere instradati su mansioni diverse richieste all'occorrenza dal datore di lavoro.

In Abruzzo, con il cambio della guardia alla presidenza della Regione, si è traslitterato dalla affannante "meritocrazia" metodicamente sbandierata da Chiodi come foglia di fico a copertura del ritorno a logiche censitarie, autoritarie e oligarchiche, alla "valorizzazione" del nuovo governatore D'Alfonso, detto anche "Big Luciano", che sembrerebbe cimentarsi a far ballare le pietre con le uova.

La SAGA (Società Abruzzese Gestione Aeroporto), 7 milioni di capitale sociale, è la società in difficoltà che gestisce l'aeroporto di Pescara attraverso il 99.4% detenuto dalla Regione assieme ai soci di minoranza che valgono lo 0.17% della Ccia di Pescara, lo 0.17% Ccia di Chieti, ancora uno 0.17% per il Comune di Pescara e lo 0.005% della Future

Cleaning. Una società ritrovatasi appesa a un filo sottile che si chiama "variazione di bilancio".

Una variazione di bilancio da cui dipendono i destini e il salvataggio sia dell'aeroporto di Pescara che della partecipata "Abruzzo Engineering S.C.p.A." posta in liquidazione volontaria dal dicembre del 2010 a causa di un presunto deficit di 19 milioni di euro (http://news-town.it/politica/8319-consiglio-regionale-abruzzo-civico-a-un-passo-dalla-rottura.html). Deficit permettendo, la giunta D'Alfonso ha intraveduto comunque "grosse potenzialità" per la società creata ai tempi di Ottaviano Del Turco e Pierfrancesco Guarguaglini a differenza dell'ex presidente della giunta di centrodestra, Gianni Chiodi, secondo cui Abruzzo Engineering era solo "un inutile carrozzone fonte di troppe spese" (http://www.primadanoi.it/news/abruzzo/559733/ABRUZZO-ENGINEERING-LICENZIA-TUTTI.html). La conferenza dei capigruppo riunitasi il 25 giugno all'Aquila ha stabilito di tenere la seduta urgente del Consiglio Regionale martedì prossimo 30 giugno 2015, alle h 15:00 nella sede di Palazzo dell'Emiciclo con all'ordine del giorno un solo punto: la variazione di bilancio per la ricapitalizzazione della SAGA. Per la Abruzzo Engineering, ancora un po' d'attesa seppure si tratti, in termini economici di spesa pubblica, di una cifra assai simile a quella dell'aeroporto internazionale d'Abruzzo. Sarebbero sufficienti solamente 7 milioni di euro, per ciascuna delle due società partecipate. E allora, perché non annodare questi sottili fili pendenti in una provvidenziale "Onboarding", in una socializzazione organizzativa trasferendo il personale della Abruzzo Engineering posto in cassa integrazione da quasi 5 anni alla SAGA e allo stesso tempo continuare ad avvalersi dell'insostituibile resto dei dipendenti in possesso dell'indispensabile know how acquisito in 4 anni di impiego continuativo senza rotazione operante negli uffici speciali per la ricostruzione?

Signor Presidente, si apra all'impossibile tenendo a battesimo una nuova eccellenza abruzzese.

"Airport Engineering: dal carrozzone al cabinone".

il PANE e le rose
(14 Luglio 2015)
https://www.pane-rose.it/files/index.php?c3:o47023

Abruzzo Engineering: 14 luglio come la Bastiglia la Regione se la prende pure di martedì

Il 14 luglio, mentre in Francia si festeggia per la presa della Bastiglia, in Italia... all'Aquila...

Egregio Signor Vice Presidente, quando si appresterà alla "variazione di bilancio" sulla Abruzzo Engineering potrebbe aggiungere ai milioni di euro necessari per la salvezza della società partecipata i miei 1452.00 euro?

Si è giunti finalmente ai titolini di coda per quanto riguarda l'affaire "Abruzzo Engineering".

Oggi, 14 luglio, mentre in Francia si festeggia la presa della Bastiglia, in Italia... all'Aquila... in Abruzzo ed esattamente dalle "acca 9.55" che ci si sta preparando a un altro tipo di presa.

La presa d'atto da parte della Prima Commissione (Bilancio) dell'esame del progetto di legge di natura finanziaria legato al bilancio di previsione 2015 (approvazione dei bilanci delle società partecipate della Regione) e, subito dopo, ancora un'altra presa.

Quella della presa in carico della discussione del progetto di legge riguardante Abruzzo Engineering, in seduta congiunta con la Quarta Commissione (http://www.ansa.it/abruzzo/notizie/consiglio/2015/07/13/la-settimana-politica-in-scena-leuropa_3a920f41-a5cb-48a0-8007-bb80b34f174a.html).

A rassicurare i dipendenti della partecipata è stato approntato un video d'impatto realizzato dal Vice Presidente della Regione Abruzzo, Giovanni Lolli, nel quale si avverte anche l'allegro cinguettio di una trentina di milioni di euro.

Camicia bianca sbottonata quanto basta, come negli spot della "Renzie & amp; Company Production", per annunciare ai contribuenti l'evento e, soprattutto, la nota salvifica e provvidenziale contenuta nel progetto da approvare che riguarda appunto la Abruzzo Engineering.

Guarda il video: https://www.youtube.com/watch?v=i75fNcKdRpg In quel momento hanno spento tutte le luci e puntato il riflettore su di lui, sul Vice Presidente. Uno spotlight su misura, di certo non creato per l'evento storico che poi culminò con la cattura della Bastiglia, simbolo dell'Ancien Régime, avvenuta lo stesso di martedì a Parigi nel 1789... ma, ovviamente, per altre prese di tutt'altra natura e nobiltà. Non approfittare del momento assai propizio, che si sta profilando all'orizzonte dopo più di 4 anni di cassa integrazione ancora da remunerare, sarebbe un vero peccato.

Il "carrozzone politico" a uso e consumo del centrosinistra fin dai tempi della creazione con l'ex governatore, Ottaviano Del Turco, e l'allora presidente della Provincia dell'Aquila, Stefania Pezzopane, che si accordarono con Pierfrancesco Guarguaglini, che era al comando di Finmeccanica, è un complemento di specificazione addebitabile esclusivamente alle dichiarazioni di politici e giornalisti rese poi note dai media locali e nazionali (http://www.abruzzoweb.it/contenuti/abruzzo-engineering-rilancio-sbarca--in-consiglio-lolli-non-e-carrozzone/574037-268/).

Di conseguenza, mi permetterò di sottolineare in punta di piedi delle lievi imprecisioni ravvisate dopo la visione del filmato di Lolli.

In seguito alla messa in liquidazione della Abruzzo Engineering da parte della precedente Giunta - quella dell'attuale consigliere regionale di minoranza, Gianni Chiodi -, con conseguente aggravio di debito di molti milioni di euro dovuti ad anni di "inattività", non tutti i lavoratori sono stati abbandonati al proprio destino.

Come ben sa più di qualunque altro il Vice Presidente, 110 unità lavorative hanno continuato a lavorare percependo un regolare stipendio mensile con spettanze extra, contributi e quant'altro, a differenza di una cospicua parte di lavoratori "sfortunati" posti ininterrottamente in CIG dal 2010 e negando loro la rotazione del personale e il know how che invece altri hanno acquisito sul campo.

Lavoratori, capofamiglia, persone comuni, che

310

ancora debbono ricevere l'assegno di sostentamento dall'INPS per i mesi di Ottobre 2014, Novembre 2014, Dicembre 2014, Gennaio 2015, Febbraio 2015, Marzo 2015, Aprile 2015, Maggio 2015 e Giugno 2015.

E ancora una noticina sull'attuale consigliere regionale di minoranza, Gianni Chiodi, il quale ha più volte adombrato sagome inquietanti rassomiglianti al clientelismo politico e sindacale. A me non interessano le illazioni. Ma se queste persistono, allora la mia dignità intransitabile mi impone di esibire fatti e non chiacchiere come per esempio quello accadutomi nel settembre del 2014. Sulla mia busta paga sono state trattenute euro 1452.00 da trasferire a una finanziaria che nel 2009 mi ha concesso la cessione del quinto dello stipendio. La cosa insolita è che dal settembre 2014 al maggio 2015, circa nove mesi, le mie 1452.00 euro sono state sì trattenutemi, ma in data 12 maggio 2015 non ancora versate alla finanziaria.

Da qui, la decisione di richiedere alle autorità competenti la tracciabilità della somma trattenuta.

Egregio Signor Vice Presidente, quando si appresterà alla "variazione di bilancio" sulla Abruzzo Engineering potrebbe aggiungere ai milioni di euro necessari per la salvezza della società partecipata i miei 1452.00 euro?

il *PANE* e le rose
(15 Luglio 2015)
https://www.pane-rose.it/files/index.php?c3:o47032

Abruzzo Engineering: cala il solarium all'alba

L'importanza di non chiamarsi Beppe Grillo

Si ostinarono a cercare di conformare i fatti alle loro conclusioni invece di dedurre le conclusioni dai fatti

"Quella di Abruzzo Engineering è una storia tutta all'italiana, la storia di una società nata come contenitore di ex lavoratori socialmente utili, arricchita da quelli politicamente utili, finita nella morsa di un sistema non più sostenibile, tra impegni e promesse non mantenute." (Il Messaggero, Cronaca d'Abruzzo, del 15 luglio 2015).

Alle prime luci dell'alba, la partecipata Abruzzo Engineering, in seguito alle doglianze dovute alla lunga maratona sostenuta dai politici della Regione Abruzzo, ha visto rischiararsi il proprio orizzonte di salvezza. A tal proposito, si consiglia agli estenuati consiglieri e assessori tutti di pensare seriamente in futuro a una eventuale astensione dal ricandidarsi - visto che tali maratone notturne potrebbero verificarsi ancora nel tempo - salvo che la stessa si imponesse per ordine del medico.

Soprattutto, si invitano i consiglieri-cittadini del M5S a non farlo più di candidarsi. In seguito all'affaire Abruzzo Engineering hanno diffuso come vino sfuso dichiarazioni e note corrette e poi ancora ricorrette non azzeccandone una sulle reali vicissitudini attraversate dalla partecipante alla salvezza. E così facendo, i 5 Stelle hanno dato l'assist alle repliche di persone ambigue e di dubbia provenienza come alcune caste sindacali.

Bene hanno fatto alle scorse consultazioni elettorali per il rinnovo di alcune giunte regionali i leader de M5S a invitare di votare al simbolo e non ai candidati.

Ancora per la Abruzzo Engineering, sarebbe stato sufficiente consultare i giornali on-line come "PrimaDaNoi.it" per apprendere che questa partecipante alla salvezza è nata dalle ceneri della "Collabora Engineering", che a sua volta è nata dalle ceneri della SMA di Intimi amico di Tarantini e che la stessa SMA è nata dalle peripezie di un centinaio di LSU (lavoratori socialmente utili) stabilizzati il 31 dicembre 2001.

Bastava farsi un giro sul web per conoscere le interrogazioni parlamentari dell'on. Mascitelli; gli articoli poco edificanti sempre sulla partecipante alla salvezza AE apparsi periodicamente sul "Sole 24 Ore"; il disastro del "SISTRI" e le inchieste fatte dalla Gabanelli su Report.

Ecco qua, quanto sia realmente importante non chiamarsi "Beppe Grillo".

il PANE e le rose
(6 Agosto 2015)

https://www.pane-rose.it/files/index.php?c3:o47154

Abruzzo Engineering: gli Ordini non si discutono

Una preoccupazione più che legittima

I criteri di scelta erano noti a tutti. Ciò che contava era soprattutto l'anzianità di disoccupazione e di iscrizione alle graduatorie dell'Ufficio di Collocamento.

"Siamo preoccupati. Il rischio che il personale assunto, con specializzazioni varie, si trovi a gestire servizi professionali con competenze estranee, mentre i tecnici esterni preparati restano a guardare la spartizione del poco lavoro intellettuale rimasto", con questa dichiarazione l'Ordine degli ingegneri della provincia di Chieti è intervenuto sull'approvazione da parte del Consiglio regionale del progetto di legge per il salvataggio di Abruzzo engineering" (http://www.abruzzoweb.it/contenuti/abruzzo-engineering-il-no-al-salvataggio-degli-ingegneri-chietini-/575532-4/).

Una preoccupazione più che legittima quella degli ordini professionali.

Comunque vada a finire questa storia di una partecipata molto "chiacchierata" sarà opportuno chiarire alcuni particolari che curiosamente sfuggono metodicamente ai cronisti.

La Abruzzo Engineering nasce dalle ceneri della Collabora Engineering che a sua volta prende il posto della SMA Abruzzo di Enrico Intini di Noci di Bari. Ma a far crescere l'albero genealogico della AE sono 98 LSU (Lavoratori Socialmente Utili) reclutati tra il 1997 e il 1998 negli allora Uffici di Collocamento delle quattro province d'Abruzzo per un progetto commissionato dalla Protezione Civile della durata prevista di anni 1. I criteri di scelta erano noti a tutti. Ciò che contava era soprattutto l'anzianità di disoccupazione e di iscrizione alle graduatorie dell'Ufficio di Collocamento. Ai tempi, chi sperava in una chiamata diretta da parte del Collocamento sapeva "BENISSIMO", "B E N I S S I M O"... sì, altroché se lo sapeva "B E N I S S I M O" che al massimo avrebbe potuto ambire a una occupazione non superiore al IV livello (postino, commesso, centralinista, usciere, ecc. ecc.).

Chi però in virtù dei propri titoli accademici avesse voluto puntare in alto avrebbe comunque dovuto superare un concorso pubblico senza "SE" e senza "MA"!. Un laureato in architettura 20 anni fa fu chiamato come usciere/commesso presso l'Università di Teramo ed oggi è ancora là tranquillo a svolgere il proprio lavoro grazie appunto al Collocamento e alla sua paziente attesa come disoccupato iscritto nelle apposite liste senza rivendicare mansioni dirigenziali perché nel cassetto ripone un diploma di laurea. Metà del personale della Abruzzo Engineering proviene dalle liste del Collocamento pubblicate e rese note 18 anni fa. Io stesso provengo da quelle graduatorie e non ho mai avuto la presunzione di occupare ruoli e posti di lavoro che non mi competessero. Non sono stato mai interessato a vicissitudini legate a doppio filo con l'arrivismo. La nostra realtà, quella dei lavoratori "semplici", di chi già 18 anni fa aveva oltre 40 anni, è sperare in un impiego umile, duraturo e dignitoso. E a chi si ostina di volere "ricostruire L'Aquila" si rammenta che oltre ad avere già avuto l'occasione di partecipare al "Concorsone" potrebbe ancora sperare in una prossima selezione del personale mediante convocazione di altri concorsi pubblici da superare.

il PANE e le rose
(13 Agosto 2015)

https://www.pane-rose.it/files/index.php?c3:o47177

Non mi ammazzo se mi suicidate voi

Carcere, diffamazione, miseria, crif, esclusione sociale: che cazzo me ne frega: questo è il capolinea! Non ci capisco più niente in questo Paese bel come il formaggio. Resto qui, 58 anni come Massimo Lopez nello spot della TIM contro un muro in attesa della fucilazione.

Oggi, 13 agosto 2015, io, come tanti in Italia, ho ricevuto l'assegno di "sopravvivenza" dall'INPS, volgarmente definito come pagamento della cassa integrazione in deroga (CIG) per quanto riguarda le spettanze del mese di novembre del 2014. La somma erogata è di euro 626.13, con legittima, parrebbe, decurtazione di circa 180 euro rispetto al mese di ottobre 2014 motivata, quest'ultima dal raggiungimento di un mio figlio della maggiore età proprio appunto nell'ottobre 2014.

La coincidenza nefasta sembrerebbe - sempre secondo quanto riferito dall'INPS - stata causata da un automatismo, per meglio dire da un meccanismo automatico dei computer che non hanno colto in tempo utile le informazioni da me fornite riguardo al carico familiare comunque ancora persistente in quanto mio figlio è ancora studente.

In queste ore si parla del disfacimento della maggioranza del centrosinistra capitanata dal governatore Luciano D'Alfonso in Abruzzo.

Su Google, Abruzzo Engineering digitato correttamente in inglese conduce in una intricata matassa di link che potrebbe riassumere agli occhi di un forestiero quanto deleteria sia stata la "salvazione" di una società partecipata pubblica.

Si sa e si legge e si vede e si ascolta e si apprende dai notiziari quanto sia indispensabile l'opera prestata solamente da alcuni dipendenti, su 180 lavoratori, della Abruzzo Engineering in merito alla risoluzione delle pratiche arretrate inerenti alla "ricostruzione" del cratere aquilano.

Va dato atto che questi benemeriti impiegati prestati in "comodato d'uso" dalla AE agli Enti locali pubblici continuano a prestare la loro indiscutibile e indispensabile e insostituibile e immarcescibile opera "quasi gratis", come dichiarato pubblicamente dal vice presidente della Regione Abruzzo, Giovanni Lolli, in un video spot "simil-renziano" a camicia rigorosamente aperta con maniche rimboccate

(https://www.youtube.com/watch?v=i75fNcKdRpg).

AgoraVox Italia
lunedì 17 agosto 2015

https://www.agoravox.it/Abruzzo-Engineering-giuro-che-se.html

Abruzzo Engineering: giuro che se mi suicidate voi non mi ammazzo

Non ci capisco più niente in questo Paese bel come il formaggio. Resto qui a 58 anni come Massimo Lopez nello spot della TIM, contro un muro, in attesa della fucilazione.

Ieri, 13 agosto 2015 - come tanti cassintegrati in Italia - ho ricevuto dall'INPS l'assegno di "sopravvivenza" altrimenti detto pagamento della cassa integrazione in deroga (CIG) per le spettanze del mese di novembre dell'anno 2014.

La somma erogata è di euro 626.13, con legittima, parrebbe, decurtazione di circa 200 euro rispetto al mese di ottobre 2014 motivata, quest'ultima, dal raggiungimento, di uno dei miei figli, della maggiore età nell'ottobre 2014.

Da "Renzie" però ho ricevuto 3 dei "bonus elettorali" per un totale di 264 euro che, all'indomani del 730, mi sono costati 237 euro da restituire a rate. Comunque grazie per i 3 euro. L'euro mancante al Kebab ce lo metto di tasca mia. La trattenuta imprevista sembrerebbe essere stata causata - sempre secondo quanto appreso telefonicamente dall'INPS - da un automatismo o, per meglio dire, da un meccanicismo del computer che non ha potuto cogliere in tempo le informazioni utili da me fornite riguardo allo stato di famiglia e a quel figlio diciottenne studente e comunque ancora a carico mio. A carico di un cassintegrato ininterrottamente tenuto a "cuccia" dal 1° gennaio 2011. In queste ore si parla del disfacimento della maggioranza del centrosinistra capitanata dal governatore Luciano D'Alfonso in Abruzzo e, guarda un po', a causa di infantili campanilismi a onta della Abruzzo Engineering.

Se digitato correttamente in inglese, Google dispiega una matassa intricata di link sulla Abruzzo Engineering che potrebbe riassumere quanto deleteria sia stata - sempre secondo quanto riferito pubblicamente da alcuni politici abruzzesi - la "salvazione" di una società partecipata pubblica.

Ancora più imprevedibile delle mie 200 euro svanite nel nulla è la comunicazione ufficiale da parte della Regione Abruzzo in risposta alla mia richiesta di riavvicinamento al posto di lavoro più prossimo alla mia residenza spedita tramite PEC al maggiore azionista della ormai società tanto discussa quanto partecipata e prossimamente in house.

In sostanza, visto che il governatore D'Alfonso ha messo in sicurezza la partecipata, ho richiesto un avvicinamento che è stato erroneamente confuso con una mobilità da me mai teorizzata verso un Ente Pubblico senza prima passare giustamente attraverso l'evidenza pubblica di un concorso.

Ergo, se si vuole lavorare per la "ricostruzione" in un ufficio pubblico del Comune piuttosto che della Provincia bisogna prima vincere un concorso e non affidarsi troppo alle tante esternazioni di uno dei tanti politici locali.

E, quindi, giusto per la cronaca, va dato atto che decine di benemeriti impiegati prestati in "comodato d'uso" dalla Abruzzo Engineering agli Enti locali pubblici continuerebbero a prestare la loro indiscutibile e indispensabile e insostituibile e immarcescibile opera "a gratis et amore dei", come dichiarato pubblicamente dal vice presidente della Regione Abruzzo, Giovanni Lolli, in un video spot "simil-renziano" a camicia rigorosamente aperta con maniche rimboccate dal gennaio 2015.

Ferragosto s'avvicina e io m'allontano. Non dovrebbe essere così la storia per i poveri cristi.

Ma così è, basta mangiarci tanto pane per sentirsi con la pancia piena.

AgoraVox Italia

sabato 5 settembre 2015

https://www.agoravox.it/Lettere-aperta-al-Ministro-del.html

Lettere aperta al Ministro del Lavoro e delle Politiche Sociali, Giuliano Poletti

Alla cortese attenzione del Signor Ministro, Giuliano Poletti.

Il lavoro, che fino a poco tempo fa in Italia era percepito, seppure fievolmente, come un "diritto", poi in seguito trasformatosi in "privilegio", dallo scorso, 3 settembre 2015, secondo quanto dichiarato da una sindacalista della Cgil, il "dovere" che ne consegue come il presentarsi sul posto dell'impiego assegnato per svolgere le proprie mansioni, anche se distante da casa cinquanta di chilometri, è divenuto un "sacrificio".

Una dichiarazione che umilia e offende tutti i disoccupati, i precari, i cassintegrati rimasti tali per lunghissimi anni e che hanno perduto irrimediabilmente i benefici spettanti per legge. Stipendio ridotto. Assenza di contributi, se non quelli nominativi per la pensione spettanti per legge. Cancellazione di 13me e 14me mensilità. Emarginazione sociale. Mutui prima casa impossibilitati da onorare. Appartamenti all'asta. Perturbazioni emotive familiari. Ridimensionamento della propria identità esistenziale e della utilità sociale.

Il sottoscritto, Copin Panolli, nato a Teramo il 24/11/1957, e residente sempre a Teramo, in Via Gardio Uguali al numero civico 74 (ancora per 6 mesi, poi la casa andrà all'asta), chiede alla Illustrissima Persona del Ministro del Lavoro e delle Politiche Sociali, Giuliano Poletti, di apporre vincoli verbali alle esternazioni della sindacalista della CGIL, Rita Innocenti, in merito alla annosa vertenza della società partecipata "Abruzzo Engineering S.C.p.A.", già evidenziati nei link apposti alla presente comunicazione, ed esposti in pubblica riunione il giorno 3 settembre 2015 presso i locali e sede della Regione Abruzzo, Palazzo Silone, in L'Aquila.

Inoltre, si suggerisce di prestare attenzione ad affermazioni - sempre da parte della sindacalista della Cgil, Rita Innocenti - "inquietanti" su presunte "raccomandazioni" telefoniche, su "segnalazioni da parte di politici locali", che non altro farebbero che avvalorare le tesi dell'ex Presidente della Regione Abruzzo, Gianni Chiodi, oggi consigliere regionale di minoranza, che in tempi e modi diversi e alternatisi nel tempo avrebbero descritto la partecipata pubblica "Abruzzo Engineering S.C.p.A." come un "carrozzone clientelare".

Signor Ministro Poletti, signor Presidente Luciano D'Alfonso, Signora dottoressa Cristina Gerardis e ai signori tutti consiglieri del M5S e dipendenti di tutti gli abruzzesi, chiedo chiarezza, indagine, avvedutezza e immediato intervento.

Con osservanza, il cittadino Copin Panolli.

AgoraVox Italia
giovedì 28 aprile 2016

https://www.agoravox.it/I-politici-abruzzesi-lo.html

I politici abruzzesi, lo spogliarellista e la senatrice

Dice di essersi fatto in tutta la sua vita "8 o 9 spinelli" e definisce le sue esperienze gay poche e insoddisfacenti. "Ma faceva comodo a tutti che fossi 'il drogato' o 'il frocio' d'Italia" (il Fatto Quotidiano).

Queste dichiarazioni non sono quelle "solite" di Cicerone, piuttosto che quelle di un tronista di uomini e donne, ma appartengono a un monumento storico della politica italiana: Marco Pannella. Un abruzzese teramano.

A ottantacinque anni, il leone dei radicali sta ruggendo in combattimento a petto nudo con due draghi, i due tumori che lo stanno aggredendo, infami, nel pieno di una fulgida terza età. Come Don Ferrante, fra le righe di Manzoni e di quel romanzo sempre da revisionare mentre Dostoevskij sfornava un capolavoro dopo l'altro, non prende nessuna precauzione contro la sua peste.

A chi oggi gli chiede perché non smette di fumare risponde che se lo facesse davvero ci rimarrebbe secco stecchito. Come un eroe di Metastasio, si batte sino alla fine prendendosela con le stelle (Don Ferrante, I promessi sposi, cap. XXXVII).

E proprio le stelle saranno chiamate in causa, a testimoniare i fatti. La libertà di un uccellino in gabbia ha tre vie se si lascia aperta la porticina. Una che dà fuori all'aria aperta, l'effimera che ti respinge fra le mura della casa dove si è rimasti imprigionati. Altrimenti, la scelta di restare rinchiusi con le sbarre spalancate e l'illusione di potersene andare prima o poi. L'illusione, la chimera dell'arbitrio consentito è stato l'obiettivo di un politico teramano famoso in tutto il mondo per meriti diversi da quelli del gossip televisivo. Il caso ha voluto che una mente così discernente potesse straripare dopo il torrente Vezzola e prima del fiume Tordino.

L'acqua spinta dal tempo non esiste. La sabbia conta solo quella stretta in un filo polveroso nell'imbuto di una clessidra a prevedere il presente.

Nulla si crea, nulla si distrugge, tutto si trasgredisce in Legnini, Pezzopane, Razzi, politici abruzzesi doc.

"la classe dirigente di questo Paese quando delinque fa un numero di vittime incomparabilmente più elevato di qualunque delinquente da strada e fa danni più gravi" (Piercamillo Davigo, presidente dell'Associazione nazionale magistrati).

E "pessimistico" è Giovanni Legnini (secondo quanto scritto da Paolo Flores d'Arcais), che ha così replicato alle parole del presidente dell'Associazione nazionale magistrati:

"rischiano di alimentare un conflitto di cui la magistratura e il Paese non hanno alcun bisogno".

Flores d'Arcais, su MicroMega del 23 aprile 2016, continua l'ipotesi: "In che senso l'ovvietà pronunciata da Davigo rischi di alimentare un conflitto di cui il Paese non ha proprio bisogno risulta ancor più misterioso. Un danno micidiale per il paese sono i politici che rubano e gli imprenditori corruttori o corrotti, non i magistrati che li scoprono. Un danno micidiale per il paese sono governo e parlamentari che non fanno leggi più efficaci per contrastare il multiforme ingegno dei crimini di establishment e si muovono anzi in direzione opposta, rendendone più agevole l'impunità, non i magistrati (o qualsiasi altro cittadino) che richiamino all'ovvio della convivenza democratica".

La metamorfosi, la staffetta che passa il testimone dalle mani di Pannella a quelle della promessa sposa di un aspirante non si sa bene di cosa in TV (vedi il servizio delle Iene su Italia 1) e quelle di chi ama farsi sempre "li cazzi sua", come il personaggio, di certo meno imbarazzante di quello vero, interpretato da Maurizio Crozza.

Su Facebook una madre chiede scusa alla figlia per averla fatta studiare, per avere fatto più di un lavoro e permetterle di frequentare l'università che l'ha posta dinanzi a un bivio. Scegliere di lavorare in un call center, oppure espatriare.

In Italia resteranno a pieno titolo i Simone Coccia Colaiuta, attore e regista (così è scritto sul proprio profilo pubblico di FB), con settanta raffinatissimi tatuaggi sul corpo, alto un metro e novantuno, senza talento artistico alcuno.

Non sa cantare, non sa recitare e non conosce le tabelline. Convinto che Firenze si affacci sul mar Ionio, Riccione sul Tirreno. Che il fondatore della Apple sia un tizio di nome Steve Apple. Uno che se anche conscio di non essere bello è certo di essere un grande uomo.

Un omone che "ama molto i bambini" e "sa fare molto bene il sesso". Sebbene confonda Camillo Benso con Giotto nel guardare i loro ritratti. Sicuro che per fare i verbi al passato occorra la parola "forse". Il trapassato remoto del verbo avere: "io forse avevo avuto".

Ignora l'esistenza di Bruno Pizzul. Un giovanotto muscoli e tartaruga che ha l'imene sotto l'ascella e il perineo sul ginocchio. La cervice uterina dietro la nuca. Un eminente conoscitore dei percorsi delle "gladiature romane".

Uno che pure sculetta in mutande davanti a una sedia, dietro una telecamera accesa. Un culo in primo piano. Quello del compagno di vita di una senatrice della Repubblica italiana.

AgoraVox Italia
giovedì 28 luglio 2016
https://www.agoravox.it/Disoccupazione-in-Abruzzo-pane-e.html

Disoccupazione in Abruzzo: pane e cioccolata a merenda tra compagni

"Pane e cioccolata", un film del 1973, di Franco Brusati. Uno dei pochi autori che allora affrontarono l'onta dei migrati italiani assai scomoda al potere di quei tempi.

Marinella Sclocco, assessore regionale all'Istruzione in Abruzzo, ha preso penna e calamaio per scrivere e congratularsi con coloro i quali hanno conseguito la maturità scolastica.

Restate in Abruzzo, qui ci sono tante occasioni...

Vediamo quali sono e dove sono le "occasioni" della Sclocco:

Domenica 17 luglio 2016, l'editoriale del direttore de "il Centro" riporta l'annuncio del presidente della Regione Luciano D'Alfonso sulla creazione di 60 mila nuovi posti di lavoro e una nuova primavera per l'economia.

Va ricordato che dal 2012 a oggi i disoccupati sono aumentati di oltre 22 mila unità. Inoltre, il direttore del quotidiano locale, Tedeschini, fa notare che creando 60 mila posti, l'Abruzzo diventerebbe un caso mondiale. Con gli attuali 70 mila senza lavoro e il day after dei 60 mila posti di lavoro buttati come i dadi dal governatore in carica il tasso di disoccupazione scenderebbe al 2%. Meglio della Germania.

Più del 10% degli abruzzesi è povero (dati ISTAT). Una percentuale sempre in aumento. La Confartigianato Abruzzo ha denunciato la perdita di circa 12.000 posti di lavoro nel primo trimestre del 2016.

Il totale degli occupati scende dalle 490.000 unità del primo trimestre 2015, alle 480.000 unità dei primi tre mesi di quest'anno.

Il tasso di occupazione è del 55,18%.

Ancora peggio se si scorrono i numeri dal 2012 al 2015. Gli occupati in Abruzzo sono passati da 500.000 a 480.000.

20.000 posti di lavoro in meno.

Neanche la Caritas s'impietosisce dinanzi al 38% degli abruzzesi a rischio povertà.

Entro in punta di piedi nella tua quotidianità, ma sarà un'incursione breve, per illustrarti le opportunità che hai in Abruzzo nel caso dovessi decidere di proseguire gli studi oppure entrare nel mondo del lavoro. (Marinella Sclocco)

A parte il clientelismo e il nepotismo imperanti in queste dimenticate lande sociali abruzzesi, Nino Manfredi ha interpretato negli anni settanta una figura non retorica, che potrebbe essere e fare da psicopompo a tanti giovani, piuttosto che leggere epistole imbarazzanti come quelle di un anonimo assessore di una regione molto arretrata.

AgoraVox Italia
domenica 16 ottobre 2016
https://www.agoravox.it/Dario-Fo-e-chi-vive-di-nascosto.html

Dario Fo e chi vive di nascosto

La Storia non si ripete. Le informazioni che provengono da un'unica fonte sono solo opinioni.

I fatti accaduti, i lustri che si susseguono tra misteri buffi, soprattutto se drammatici, dopo un salto nel vuoto, da una finestra della questura, in un Paese sprofondato nei colori impiastricciati, del dopo bianco e nero di Alberto Sordi.

Vivi e lascia morire. C'è chi è d'accordo. E così, sono in molti a vivere.

La ribellione che cova negli spiriti liberi è tenuta a bada dallo Xanax.

Xanax: il farmaco palindromo per eccellenza.

"I topi non avevano nipoti", piuttosto che "Rats

live on no evil star".

Was is a cat I saw?

I ratti, i saggi, vivono senza stelle il male.

La maledizione è il divino compiersi di una vendetta impossibile.

All'indomani degli anni di piombo e degli stupri all'ombra, il pianto di un figlio sul sagrato si tacita in un pugno chiuso come una rosa rossa a incombere su tutti coloro che continuano a vivere di nascosto.

AgoraVox Italia
venerdì 17 febbraio 2017
https://www.agoravox.it/Regione-Abruzzo-patata-bollente.html

Regione Abruzzo: patata bollente per Luciano D'Alfonso

Il Governatore: "Indagini su due vicende, io estraneo, si faccia presto"

Indagati D'Alfonso e altri

Sì chiama Cressida, la patatina bollente del Governatore d'Abruzzo.

Una patata di Capodanno, quasi rancida per il

troppo tempo trascorso. Infatti, la storia che ha inguaiato il presidente risale alla fine di dicembre quando, in un'aula gremita di consiglieri con il piede già fuori altrove, fra un augurio di fine anno e la promessa di un brindisi per un Abruzzo migliore, il bardo fa vibrare la sua stoccata, con uno dei suoi disinvolti anacronismi:

"Se si moltiplica 51 milioni per 29 viene fuori oltre 1miliardo di euro e guardate – ha detto in aula il Governatore – che per fare questo basta un Perito Agrario di Alanno, manco un ragioniere".

Un'affermazione infelice, una grave offesa all'intera cittadina di Alanno, la cui economia ruota attorno a un Istituto scolastico di assoluto prestigio, che forma i propri studenti trasformandoli in professionisti del settore...

Per fortuna, ci sono più cose in cielo e in terra di te ne sogni la filosofia di chiunque.

La patata bollente si stempera e Luciano D'Alfonso può finalmente dichiararsi del tutto estraneo alle vicende che lo hanno sbattuto in prima pagina.

La sua era una dotta citazione che in pochi hanno capito.

"CRESSIDA - Sì, tanti che a contarli in un baleno basterebbe la semplice aritmetica del primo garzoncello d'osteria." (Troilo e Cressida, W. Shakespeare).

domenica 3 settembre 2017

https://www.agoravox.it/Il-nuovo-video-tormentone-con.html

Il nuovo video "tormentone" con Simone Coccia Colaiuta. Knock Knock... chi è?

Il tormentone che quest'estate avrebbe dovuto far "ballare tutto il mondo" è uscito nella sordina di uno scorcio di inizio settembre. L'attore emergente Simone Coccia Colaiuta, noto al pubblico televisivo di Barbara D'Urso, per la sua relazione con la senatrice Stefania Pezzopane, impazza nel video stipato tra un attempato latin lover in ritardo e dei giovani che sguazzano nei luoghi comuni di un motivetto trash sentito e risentito per decenni.

Musica infastidita da immagini quasi sexy, che se non fossero involontariamente comiche quanto un quadretto d'annata alla Benny Hill Show, potrebbero rimandare con la memoria al film "Knock Knock", di Eli Roth, con Keanu Reeves.

Come prova d'attore, Simone Coccia Colaiuta è decisamente da rimandare a settembre... di altri anni a venire. Visto che l'estate sta finendo!

AgoraVox Italia

martedì 23 gennaio 2018

https://www.agoravox.it/Elezioni-Le-dieci-risposte.html

Elezioni | Le dieci risposte necessarie per capire la politica italiana

Come le dieci domande di Repubblica a Berlusconi nel 2009, ecco le 10 risposte sulle caratteristiche che dovrebbero distinguere il buon candidato da altro, alle prossime elezioni del 4 marzo:

1)-Valutazione scientifica dell'uso improprio dei "congiuntivi" da parte dei candidati, condizione indispensabile per esprimersi correttamente in italiano;

2)-Assicurarsi che il candidato sappia avvertire e riconoscere, anche se non in possesso dell'orecchio assoluto, un intervallo di terza, quarta e settima di dominante, per facilitare l'ascolto della musica;

3)-Interrogarsi sulla conoscenza del candidato delle situazioni conflittuali geo-politiche. Sappia almeno l'aspirante parlamentare raccapezzarsi sulle diatribe interne in una delle maggiori potenze mondiali come la Russia. Qual è, per esempio, il partito più agguerrito e oppositore di Vladimir Putin? Risposta: il Partito Nazional-Bolscevico, dei "nazbol", i nazionalbolscevichi dalla testa rasata e dalla bandiera che ricorda quella nazista, con la falce e martello al posto della croce, fondato dallo scrittore Eduard Limonov e schierato in maniera radicale contro Vladimir Putin, il grande interlocutore politico di Silvio Berlusconi;

4)-Riscontrare nel candidato il possesso delle caratteristiche qualitative e organolettiche affinché questi possa distinguere un olio extravergine di oliva da un olio di oliva lampante;

5)-Appurare se il candidato sia in grado di disquisire con competenza sulla quadratura dei cerchi, congiuntamente ai quesiti sulla trisezione degli angoli e ancora della duplicazione del cubo;

6)-Verificare se il candidato è a conoscenza del fatto che se il sole al tramonto non incoccia nelle nuvole e si colora di rosso, la giornata che seguirà, con molta ragionevolezza, sarà serena. Lo sostenevano i nostri avi annunciando l'ineluttabile "Rosso di sera bel tempo si spera";

7)-Tenga a mente il candidato che se anche "il sudario non ha tasche" è dalla culla alla bara che la biancheria prepara;

8)-Il candidato non ingarbugli il verso "In time the savage bull doth bear the yoke" (Col tempo s'aggiogò Toro Selvaggio) di Shakespeare in "Molto rumore per nulla", con il componimento tratto dal dramma di Thomas Kyd: "La tragedia spagnola" (The Spanish Tragedy), molto rappresentato al tempo del Bardo;

9)-Stabilire se il candidato osservi di citare quotidianamente Seneca: "Un popolo affamato non ascolta ragioni, né gl'importa della giustizia e nessuna preghiera lo può convincere";

10)-Controllare se il candidato ha preso atto e ben conservi a mente, facendone tesoro, dell'aforisma del diritto comune: "Nemo ad impossibilia tenuetur" (Nessuno può essere costretto a cose impossibili).

AgoraVox Italia
lunedì 29 gennaio 2018
https://www.agoravox.it/Stefania-Pezzopane-andro-casa-per.html

Stefania Pezzopane: andrò casa per casa, strada per strada, città per città

SONO CANDIDATA ALLA CAMERA DEI DEPUTATI, ANDRÒ CASA PER CASA, STRADA PER STRADA, CITTÀ PER CITTÀ

è il commento della senatrice Stefania Pezzopane

che ha ufficializzato la sua candidatura al proporzionale della Camera, collegio di L'Aquila e Teramo.

(...) Mi guardo indietro e penso da dove sono partita, ragazza

appassionata e desiderosa di cambiare il mondo. Non sono cambiata, stessa passione a cui si è aggiunta l'esperienza di questi anni difficili e lo studio, la formazione sul campo a fianco alla mia gente. Ho fatto una gavetta intensa e piena di sacrifici mettendoci la faccia e facendo battaglie su tanti fronti. Ora il Pd mi chiede un nuovo impegno, ed io sono pronta, mi piacciono le sfide. (...)

Fra le righe del commento della senatrice, probabilmente preoccupata per il suo posto nella Storia, si potrebbe percepire, se si è lettore malvagio, un azzardo, una velata "minaccia": non tutti sarebbero entusiasti di ritrovarsi dentro casa un politico d'assalto, al grido di "uniamoci e sterminiamoli!".

Lasciamo sguazzare i malvagi nei loro conflitti cerebrali e occupiamoci a mente lucida delle dichiarazioni spontanee di una rappresentante del popolo, nelle più alte cariche dello Stato.

La senatrice Pezzopane racconta di essersi guardata alle spalle ripensando alle proprie passioni giovanili che l'avrebbero portata presto a raggiungere nobili obiettivi. A tentare di cambiare il mondo attraverso una intensa gavetta riempita con anni difficili, di studio, di formazione acquisita sul campo.

E raggiungere faticosamente un traguardo che l'accomuna alle stesse vicissitudini vissute stoicamente dal collega e avversario di Forza Italia, il senatore Antonio Razzi.

Due sognatori, due carriere iniziate dal basso, due personalità differenti, ma convergenti negli intenti, nel raggiungimento di un seggio senatoriale.

La Pezzopane dichiara di essere pronta a nuove sfide e così, forte nella sua determinazione, si è vista ricevere di nuovo una candidatura, un nuovo impegno in Parlamento, dal partito di Matteo Renzi. Non è andata così, purtroppo, per chi ha percorso vie istituzionali assai simili a quelle della senatrice uscente. L'ex cavaliere Berlusconi forse ha progetti diversi per l'uomo che ha riunito le due Coree.

Antonio Razzi non sarà più in prima linea, a salvaguardia dei diritti del popolo italiano. Resta qualche speranza per una candidatura all'estero. La Pezzopane scoverà gli elettori casa per casa.

Chi fosse in disaccordo con le strategie politiche della senatrice uscente acquisti al più presto porte blindate e serrature a prova di promesse elettorali. Fare molta attenzione a girare per strada.